新・高度成長戦略

―公開霊言―
池田勇人・下村 治
高橋亀吉・佐藤栄作

大川隆法
Ryuho Okawa

本霊言は、2010年6月8日、幸福の科学総合本部にて、
質問者との対話形式で公開収録された。

まえがき

今年六月八日に発足した新内閣の菅新首相は、「最小不幸社会」を目指すのだそうだ。多くの人を幸福に導こうとすると、国家権力が巨大化して強制力が生まれ、国民が苦しむんだそうな。ほーう。国民の最大多数の最大幸福を目指して、失敗して苦しむのは首相の方なのではなかったのでしたかね。

さて、本書は、このしみったれた「最小不幸社会内閣」の向こうを張って、戦後日本の高度成長期を牽引《けんいん》した、池田勇人元首相、エコノミスト下村治、同、高橋亀吉、佐藤栄作元首相を招霊して、二十一世紀の『新・高度成長戦略』と題して霊言をまとめたものである。発想の転換、新しい創造力が、今ほど求められている時はないだろう。

二〇一〇年　六月十五日

国師《こくし》　大川隆法《おおかわりゅうほう》

新・高度成長戦略　目次

第1章　「繁栄《はんえい》か衰退《すいたい》か」、分岐点《ぶんきてん》に立つ日本

二〇一〇年六月八日　池田勇人《はやと》の霊示

第2章　新・所得倍増論

二〇一〇年六月八日　下村治《しもむらおさむ》の霊示

第3章　未来産業を拓《ひら》く輸送革命と情報革命

二〇一〇年六月八日　高橋亀吉《かめきち》の霊示

第4章　人材活用という大戦略

二〇一〇年六月八日　佐藤栄作の霊示

第1章

「繁栄《はんえい》か衰退《すいたい》か」、分岐点《ぶんきてん》に立つ日本

二〇一〇年六月八日　池田勇人の霊示

池田勇人《はやと》（一八九九〜一九六五）
広島県出身の政治家で、第58・59・60代内閣《ないかく》総理大臣（在任一九六〇〜六四）。京都大学法学部卒業後、大蔵省《おおくらしょう》に入省。事務次官などを経て政界入り。吉田茂《しげる》に見いだされ重要ポストを歴任する。安保《あんぽ》闘争《とうそう》で退陣《たいじん》した岸内閣のあとを受け総理となり、「国民所得倍増計画」を打ち出し、高度経済成長政策を推進《すいしん》した。病《やまい》により退陣し、あとを佐藤栄作内閣に譲《ゆず》った。

［質問者はＡと表記］

1　高度成長の象徴《しょうちょう》のような池田勇人《はやと》元首相《しゅしょう》

大川隆法　今日は、戦後日本の高度経済成長を支えた方々の霊言《れいげん》を収録したいと考えています。

予定では、池田勇人《はやと》元首相《しゅしょう》、そのブレーンだったエコノミストの下村治《しもむらおさむ》、そして、そのライバル的な存在だった在野《ざいや》エコノミストの高橋亀吉《かめきち》、それから、長期政権だった佐藤栄作元首相あたりを考えています。

しかし、相手がなかなか大物ですので、どのような話になるかは分かりませんし、相変わらず、事前にお願いをしていないため、協力的であるかどうかも分かりません。また、現在、霊界でどのような様子であるかについては調べていません。そのほうが面白いと思って、私は事前に調べないことにしています。時間配分や内容の調整等もありますので、今日は司会を入れてみます。それでは、池田勇人元首相を招霊《しょうれい》します。

（約十五秒間の沈黙《ちんもく》）

池田勇人元日本国総理大臣、池田勇人元日本国総理大臣、願わくは、幸福の科学に降《お》りたまいて、われらと幸福実現党のために、日本の未来のために、政治経済的な将来のあり方について、アドバイス等をくだされば幸いです。

池田勇人元首相、池田勇人元首相、願わくは、われらのために、ご指導くださ い。

池田勇人元首相、池田勇人元首相、願わくは、われらのために、ご指導ください。

（約十秒間の沈黙）

池田勇人　（苦しげな呼吸が続く）うーん。（ため息）うーん。

司会　池田勇人元首相でございましょうか。

池田勇人　うーん。うーん。うん。（舌打ち）うん。うーん。うーん。（舌打ち）何だね。

司会　本日は、おいでいただき、まことにありがとうございます。私は、宗教法人幸福の科学の◯◯と申します。

池田勇人　うん。少し胸が痛いんだなあ。

司会　そうでございますか。

池田勇人　うーん。

司会　今、どのような状況《じょうきょう》ですか。ご体調はよろしいでしょうか。

池田勇人　少し肺を病《や》んだ感じかなあ。肺を病んでいるかなあ。ああ、そんなに長くはしゃべれんかもしらん。

まあ、君らが何か用があるとのことなので、何の用なのか、よく知らんが、まあ、呼ばれたので来たんだがな。わしを呼び出す人は、おらんのだがのう。

司会　いえいえ、日本の高度成長の象徴《しょうちょう》のような池田勇人元首相に、現代の政治状況についてお伺《うかが》いしたいと思いまして、お呼びいたしました。

池田勇人　わしで役に立つかな？

司会　ぜひよろしくお願いします。

2　もう一度、高度経済成長を実現するには

国民の意識や企業家《きぎょうか》の意欲が国を押《お》し上げた

池田勇人　（質問者Aに）君は何だね？

A――　私は、ＨＳ政経塾《じゅく》（政治家・企業家《きぎょうか》を輩出《はいしゅつ》するための社会人教育機関）の○○と申します。

池田勇人　知らんな。

A――　政治家を養成するために、今年、開塾いたしました。

池田勇人　ああ、そう。で、何の用だね？

A――　池田先生は、「所得倍増計画」を打ち出して、日本の高度成長を演出されました。先生は、大蔵省《おおくらしょう》出身ですね。

池田勇人　そうだよ。うん。

A――　経済に非常に強くて、吉田内閣《ないかく》においては大蔵大臣を経験なさいました。当時は、岸信介《のぶすけ》前政権の際の安保闘争《あんぽとうそう》で国内が騒然《そうぜん》となったところでしたが、その後、池田先生は経済の面で国民を鼓舞《こぶ》し、そして、当初の計画よりも早く所得倍増が達成されました。それは、池田先生や当時の国民の努力の賜物《たまもの》だと思っております。そのおかげで今の日本があると考えております。

池田勇人　まあ、所得倍増はねえ、岸信介先生のときから、もう取りかかってはいたんだけどね。安保でずいぶん揉《も》めて、岸先生ができなかったんで、私が指示を引き継《つ》いで現実化したというか、経済のほうに集中したっていうか、そういうことだなあ。

まあ、所得倍増はな、次の下村君とかがブレーンとしてやってくれたんで、わしは人の神輿《みこし》に乗ったようなもんだ。岸さんや下村君あたりの神輿に乗って、名声だけもらったようなもんだ。

わしは、まぐれで首相になり、まぐれで名声を得ただけであって、本当はそんな人間じゃねえんだよ。もう、地の底を這《は》っているような人間で、本当は〝お余り〟なんだよ。戦後、優秀《ゆうしゅう》な人がみんなパージ（公職追放）されていなくなっちゃったんで、わしみたいな〝お余り〟が、おこぼれに与《あずか》って、何だか、あらぬ名声を得てしまってなあ。もう本当に反省しとるよ。すまんなあ。

A――　池田先生は、吉田スクールの、優秀な……。

池田勇人　えっ？　「吉田スクールの優秀な」？　あそこは地獄霊《じごくれい》の養成所かな。ああ。

A――　いえいえ、そんなことはありません。ところで、今は二〇一〇年ですが……。

池田勇人　まあ、そんなとこかな。うん。

A――　現在は、所得倍増計画が実施《じっし》された一九六〇年代とは、経済環境《かんきょう》がかなり違《ちが》うと思いますが、池田先生からご覧になって、今のデフレのなかで、もう一度、日本の高度経済成長を実現することは可能でしょうか。池田先生が、もし今、総理大臣だとしたら、どうされるでしょうか。

池田勇人　それは、わしだけでは無理じゃけどもな。わしがいて、ブレーンがいても、結局は、国民の意識とか、企業家たちの意欲とか、「国をこうしたい」っていう意欲が、押《お》し上げていたのであって、わしらは、その呼び水というか、誘《さそ》い水みたいなもんだな。そういう地熱《じねつ》が上がってきて、高度成長は成し遂《と》げられたんであって、動かない牛を引っ張っても動かんよ。そういうところがあるから、今、わしにできるかどうかは、ちょっと分からんなあ。

Ａ――　そうですか。

池田勇人　うーん。

高度成長と均衡《きんこう》財政は両立しない

Ａ――　われわれは、日本の潜在力《せんざいりょく》はかなり大きいと考えています。例えば、個人資産が千四百兆円あり、また、宇宙・航空などの最先端《さいせんたん》技術等、日本はかなり強みを持っています。そして、人材も豊富です。あとは、政治家の構想力やリーダーシップが必要なのではないかと思っております。

日本は、敗戦後、一気に経済成長して先進国になりましたが、さらにここから二段ロケットのように経済成長を遂げたいと考えています。その方法について、ご意見をお聞かせください。


池田勇人　うーん、わしらのときとは、ちょっと状況が違うんでなあ。高度成長が終わって高原状態になり、何度か不況も襲《おそ》ったりした。そして今、日本は、繁《はん》栄《えい》が続くか、衰退《すいたい》に入るかという分岐点《ぶんきてん》にいるわな。

そういうときに、国民は民主党政権を選んだ。今の新政権は、どっちかと言えば、左寄りだろ？　どうせ。な？　左寄りの政権で、政策はバラマキと福祉《ふくし》で、財源がない。な？　そして、「増税しようか」とか言っとるんだろ？

まあ、これはもうすでに〝終わった国〟の兆候《ちょうこう》が出てるわなあ。老人の最期《さいご》を看取《みと》るような感じの政権になっているので、われわれの時代のような若さっていうか、成長する国としての若さがないわな。老人が増えるので、その老人の面倒《めんどう》を見る政権が力を持つ時代に入ったということだなあ。

だから、国を大きくすることも一つ、現状で維持《いじ》するのも一つ、小さくするのも一つだな。

今の政権は、矛盾《むじゅん》することを言っていると思うんだよ。「国家として経済の高度成長を目指す」というのと、「均衡《きんこう》財政にして、すなわち財政赤字をなくして財政を健全化する」というのは、基本的に二兎《にと》を追っとるんだと思う。財政赤字をなくして、黒字化し、財政を健全化しようとしたら、基本的に経済は縮小する。出費を削《けず》って増税したら、それは、君、不況になるよ。

財政を健全化した内閣は、必ず不況をつくるよ。それを本気でやったら、絶対に五年は不況が続く。それでも財政を健全化させるっていうなら、五年は不況に耐《た》えなきゃいけないだろうが、選挙の前には、そういうことをなかなか打ち出しにくいしな。基本的に、打つ手はないいんだよ。

あとは、「高度成長で、企業を成長させることによって税収を増やす」という考え方もある。あんたがたも同じ考えかもしれないけどな。これは、レーガン政権と同じような考えだろうけれども、日本人は考えが小さいいんでね、そういう「大風呂敷《おおぶろしき》を広げて発展を目指す」というような考え方に、あんまり向かないいんだよ。評判が悪くなって、すぐ「バブルだ、バブルだ」と言って潰《つぶ》しにかかるから、そういう政策はあんまり効かないいんだよな。全部、放漫《ほうまん》経営に見えちゃってねえ、駄目《だめ》なんだよ。

要するに、財政均衡を言ったら、経済は縮小すると思わなきゃいけない。だから、それを打ち出した政権は、とっても憎《にく》まれるな。

大蔵省、今は財務省かな、ここが主導したら、不況は起きると思うよ。バランスシートをよくすることはできるけど、その代わり、国としては不況に突《つ》っ込《こ》むだろうね。あとは、バラマキ政策で赤字を膨《ふく》らませれば好況《こうきょう》をつくることはできるけれども、赤字は雪ダルマ式に大きくなるだろうね。

その次は、おそらく、アメリカ型の社会というか、財政赤字だけではなく貿易赤字にまでなって、債務国《さいむこく》に転落する危機が訪《おとず》れるだろうね。

それらを両立させてうまくやるには、よほどの神業《かみわざ》でなければ難しい。今の財務官僚《かんりょう》の能力と政治家の能力から見れば、どっちもできないと、わしは思うな。うん。

「増税による経済成長」はありえない

A――　次は、菅直人《かんなおと》という人が新総理になるのですが（六月八日就任《しゅうにん》）、彼《かれ》は

「増税しても経済発展はありうる」と言っています。

池田勇人　ありえないよ。

A――　今、池田先生がおっしゃったとおり、「二兎を追う」のは無理ということですね。

池田勇人　うん。ありえない。

A――　これについて、大蔵省出身の池田先生はどのようにお考えになりますか。

池田勇人　国家予算の成長だけはありうるけどな。予算の成長はあるけれども、国としての成長はありえない。必ず小さくなる。うん。

A――　巷《ちまた》では、このように主張する菅直人氏を指導しているのは、やはり財務官僚だと言われていますが。

池田勇人　うん。基本的に、そういうことを言うのは財務官僚だと思うよ。
だからねえ、収入と支出をバランスさせる均衡経営っていうのは、財務の基本公式だけれども、ケインズ経済以前は、全部この考え方なんだよ。な？　そういう財務の原点を無視して、「赤字でもいいから景気をよくする」っていうのがケインズ経済なんだ。「国家の赤字をものともしないで、経済を拡大し、失業者を吸収し、産業を起こして大きくする」のが、ケインズ経済なんだよ。
均衡経営は、それ以前の段階で、家計簿《ぼ》っていうか、出納帳《すいとうちょう》の「入る」のと

「出る」のとを合わせようとするレベルの原始的なスタイルだわな。
だから、国の財務バランスをよくしようとすれば、基本的には不況になる。これは、逃《のが》れられない。「増税しても、お金の使い方によっては好況になる」なんて言っているけれども、そんなのは嘘《うそ》だよ。うん、ありえないわ。絶対に需要は減少するし、投資力も減少するし、消費も冷え込む。不況は長期化する。これは間違《まちが》いない。
福祉に使おうが教育に使おうが、そんなもの、絶対に景気の拡大にはならない。

A――　この財務官僚の考え方は、かなり根深いと思いますが。

池田勇人　いや、まあ、それは、セクショナリズムなんだよ。
赤字の額が増えれば自分らが責任を問われるからね。黒字が多くなって赤字が減れば、「財務官僚としては成功した」という判定が出て、出世できるわけだよ。国がどうなるかは知らんが、財務官僚としては、手腕《しゅわん》が発揮されたように見えるということだ。

だから、国税庁に勤めりゃ、税金をいっぱい取ったやつが偉《えら》い官僚なんだろうしね。主計局にいれば、予算をできるだけ削って出さなかったやつが偉いということになる。内部的な出世の基準では、そうなるわけだ。

結果的に国全体がどうなるかは、彼らには分からない。それに、彼らは責任を負っておらず、政治家の首が飛ぶかどうかは国民の支持率で決まるので、「政治家は首切り用の存在だ」と彼らは思っている。

秀才《しゅうさい》タイプには言えなかった「所得倍増」

A――　大きな目で見るならば、やはり国を富ませて発展させるべきだとわれわれは思っています。

池田先生は大蔵省出身で、その後、政治家に転じられ、大きな目を持って国の舵取《かじと》りをされたと思うのですが。

池田勇人　いや、それはなあ、わしは駄目なんだよ。わしは、病気をして、何年後《おく》れたかなあ。七年ぐらい後れたかなあ。

A――　三年から五年でしょうか。

池田勇人　そんなことはない。もっと病気しとったような気がするよ。だから、わしは、勉強してないんだ。ブレーンが勝手につくってくれるものに乗っかっとっただけだ。まあ、「所得倍増」っていうネーミングが、ちょっとよかっただけだからね。

わしは、頭も悪いしな。いや、本当に頭が悪いんだよ。頭のいいやつはみんな、パージされていなくなっていたから、たまたま引っかかったんだよ。占領軍が、「頭の悪いやつを上に立てたら国が弱くなる」と思って、狙《ねら》い撃《う》ちで引っ張ってくれたのさ。

吉田茂《しげる》だって、おれだって……、いや、吉田先生のことを言っちゃ悪いかな。まあ、知らんけど、みんな残りもんだよ。こんなのは、エリートから外れてる連中ばっかりさ。そういうのが、戦後、この国の政治家になったのさ。

ところが、あぶれもんだから、プライドが低くって、やりたい放題やっちゃったのさ。そうしたら、意外に成功した場合もあったというだけなんだね。頭が適当にいいかげんなもんだから、何か変わったことを平気でやっちゃえたということだ。

頭が緻密《ちみつ》なやつは、「所得倍増」なんて、そんなことは恐《おそ》ろしくて言えやしないよ（会場笑）。こんなことを言えるのは、デタラメな頭をしているからだ。わしは大病して、大蔵省で何年も出世が後れた人間だ。もうヤケクソだよ、そんなもん。

本当は、もともと、大蔵次官や大臣なんかになれるはずもなく、まあ、総理大臣になんかなれるはずもない人間が、なっちゃったわけだな。あとは何をやっても怖《こわ》くねえから、もう本当に、「やっちゃえ」っていうようなもんだ。まともな本流の秀才《しゅうさい》なら、絶対、こんなことはしやしないよ。

A――　逆に言えば、運が強かったということでしょうか。

池田勇人　いやあ、何だろうねえ。まあ、時代はときどき意地悪をするんだよ。そういう変てこりんな人材を上げて、できるやつを沈《しず》めるんだよ。天はそういうことをするんだよ、ときどきな。うん。

危機の時代は〝偏屈《へんくつ》な人間〟を登用できる時代

A――　先生は、ブレーンとして下村治《しもむらおさむ》氏を重用《ちょうよう》されたということですが。

池田勇人　彼も、まあ、頭はよかったけどな。

たぶん佐賀《さが》県か、どこか九州の人で、頭はよかったけど、東大でも法学部に入り損《そこ》ねて経済学部に行っちゃったもんだからさ。大蔵省で、ああ、経済企画《きかく》庁（当時は経済安定本部）だったかなあ、まあ、法学部を出てなきゃ、そんなに偉くなれやしねえからさ。

経済学部出身じゃ、どうせ出世の見込《みこ》みなんかねえんで、もう暇《ひま》でしょうがねえから、勉強ばかりしてたら、頭が切れちゃってね。それで、勉強が進んだんだよ。法学部のやつは忙《いそが》しくて、勉強する暇がねえからさ。

本当に、そういう偶然《ぐうぜん》が重なっているんだ。

A――　それが日本の幸運だったと思うのですが、結局、池田先生が、政治家として、経済の生き筋を「この方向だ」と見極《みきわ》められたと思うのです。

池田勇人　いやあ、でも、わしじゃなくてもそうなっているよ。きっとほとんど変わらないよ。

当時、あんたが首相になってたって、どうせ一緒《いっしょ》さ（会場笑）。所得倍増ぐらい、できているよ。そういう時代だったんだよ。右肩上《みぎかたあ》がりでね。

A――　とても謙虚《けんきょ》でいらっしゃいますね。

池田勇人　いやいや、本当なんだよ。わしなんか、あんたよりずうっとえぐれた裏街道《うらかいどう》の人生を歩んどったからね。もう死んでいてもいい人間だったんだから。本当にミイラが復活したような存在だったんだよ。

A――　でも、そのなかで、下村先生をブレーンとして重用されたことは、大変な炯眼《けいがん》だったと思います。

池田勇人　だから、まあ、裏道同士がくっついたんだ。

A――　池田先生には、人材を見抜《みぬ》き登用する力がおありだったと思うのですが、その辺の見極め方というものをお聞かせください。

池田勇人　偏屈度《へんくつど》だろうな（会場笑）。一種の偏屈度だ。君らも、『創造の法』（大川隆法著、幸福の科学出版刊）とかで、今、そんなことを言っとるんだろ？

やっぱり順風満帆《じゅんぷうまんぱん》な時代には、偏屈人間を登用するのは難しいんだよ。だから、危機の時代とか混乱の時代とかは、ちょっと癖《くせ》のある偏屈な人間を使える時代なんだよな。

それは、三等重役が会社を大きくした時代でもあるし、われら三等官僚が国を引っ張った時代でもある。

三等官僚で間違いないよ、本当に。わしなんか、京都大学出身っていうだけで、そうとうの後れだけれども、大病して死にかけて、「まだ生きとったか」って言われて、ちょっとびっくりされたぐらいの人間じゃからなあ。そんなのが上がってきたんだから、三等重役と三等官僚、三等政治家の時代が、意外に発展したっていうことだ。

まあ、勉強していない人ほど成功するっていうことだよ、君（会場笑）。

A――　その分、大局観がおありだったということではないでしょうか。

池田勇人　勉強しすぎた人は、もう、勇気がなくなってデタラメが言えんからさあ。やはり、何ていうか、そのデタラメ度で発展するんだよな。

わしは「所得倍増」で成功したけどさ、のちの世の宮澤喜一《みやざわきいち》さんが総理のときなんか、「資産倍増」とか言って、資産を半分に減らしたんだろ？（会場笑）違うか？

わしのまねをして、「資産倍増論」みたいなことを言ったけど、国民資産を、半分ぐらい吹《ふ》き飛ばしただろう？　半分以下かもしれないが、ものすごく減らしたわな。

まあ、秀才はそういう失敗をするんだ、勇気がないからな。

彼にも、ブレーンは付いていたはずだよ。大蔵省の、優秀な正統派ブレーンが付いていた。で、大蔵省そのものがなくなっちゃったよな、財務省になってな。だから、意外に正統派は駄目なんだよ。うん。

まあ、そういうときもあるっていうことさ。

だけど、高度成長をして、六十数年、幸福な思いを味わったんだからさ、これから三十年ぐらい苦しんでも、しかたがないんじゃないか。まあ、山があったら谷もあるぜ。うん。

3　経済の衰退《すいたい》を打ち破《やぶ》れ

増税による不況《ふきょう》の責任は、財務省に

A――　池田先生からご覧になって、今の自民党のふがいなさ、もしくは民主党政権の今後については、どのように思われますか。

池田勇人　うーん、そうさなあ。

民主党を批判してもいいけれども、自民党に戻《もど》したからって、よくなるとも言えないよなあ、今の状態じゃあな。一緒だよ。自民党が、みんなに飽《あ》きられてい

ることは、もう分かっているからね。

また、谷垣《たにがき》君が勉強していないっていうことが救いではあるけどなあ。山登りばっかりして勉強していなかったところが、何かいい面で出りゃあいいけれども、見るからに力がなさそうだなあ。

菅は……、菅ねえ、菅、菅、カン……、アカンかなあ（会場笑）。でもなあ、アカンかもしらんが、駄目なら駄目で、徹底的《てっていてき》に駄目なところまで行き詰《づ》まったほうが、かえっていいんじゃないかなあ。行き詰まっちゃったら、揺《ゆ》り返しは来るからなあ。

だから、もう、全部潰してしまったほうがいいんじゃないかと思うな。おそらく、今までと反対の方向へ舵《かじ》を切ろうとしているんだろう。

だけど、一つメリットはあるよ。菅は経済がまったく分からんから、全部、財務官僚がシナリオを書いたとおりにやる。だから、財務省責任になるだろうな。

大蔵省が潰れて財務省になって、次に、財務省が崩壊《ほうかい》して、何になるかは見ものだよな。彼は飾《かざ》りで、何にも分かってないからさ、基本的には国家経営ができないな。まあ、言われるままになるだろう。

となると、今の財務官僚とかのブレーン機能が正当かどうかが問われるよな。そして、彼らが九〇年以降に「失った権威《けんい》」を取り戻せるかどうか。

だけど、今、彼らは増税だけで攻《せ》めてるわけだろ？　結論ははっきりしていて、増税したら不況になる。その不況に耐えられる政権かどうか、ということだよね。

「首相の首を何人挿《す》げ替《か》えてでも、不況に耐えて、財務バランスをよくする」

「官僚だけ生き延びれば、政治家なんか、どうでもいい。五人ぐらい首相の首を切ってでも、財務バランスをよくする」という信念が官僚にあれば、できなくはないと思うけどね。

ただ、自民も民主も両方ぶっ潰れて、小党連立ももたない状態になり、「もう政治なんか要《い》らない」っていう感じのアナーキーになるかもしらんなあ。きっと何かのせいにするだろうから、八つ当たりが、どっかに来るかもしらんなあ。うーん。

この国家は崩壊《ほうかい》寸前だから、背負ったら大変だ

A――　そのなかで、去年、われわれは幸福実現党という党をつくりました。そして、「減税し、基幹産業をつくって成長を目指す」という政策を打ち出しております。

池田勇人　いやあ、もうあんまり、成功しないほうがいいんじゃないか。今、この国家は、もう崩壊《ほうかい》寸前だから、これを背負ったら大変だ。ちょっと逃《に》

げといたほうがいいんじゃないか。国が潰れて、ちょっと小さくなったら、背負いやすくなるかもしれないけど、潰れる寸前だから、今は背負えないよ。自民党か民主党かどっちかが背負って一緒に潰れてくれたほうが、いいかもしれないよ。

A――潰れたあとに、勝機を見いだせますでしょうか。

池田勇人　いや、国が小さくなるんだよ。自然体でいけば小さくなるよ、明らかに。

今、人口一億三千万人だろ？　で、GDP（国内総生産）世界第二位だろ？　これが、人口八千万人ぐらいになってね、GDPが世界第十位ぐらいの国になるのさ。

それでも、こぢんまりと、ささやかに、要するに国家財政が潰れない範囲《はんい》で健全に生きていけたら、まあ、いいじゃないか。でなければ、みんな、ほかの星に行きゃあいいんだ。

A―― ほかの星ですか(笑)。

池田勇人 うん、うん。

移民をたくさん受け入れる勇気がない日本

A―― 今、アメリカに衰退《すいたい》の兆《きざ》しがあり、中国が拡張欲を丸出しにしています。

池田勇人 アメリカは、レーガンのときに、減税路線で景気拡大したよね。内需拡大して、減税で消費景気を起こし、経済規模は大きくなった。

その代わり、「双子《ふたご》の赤字」をつくったよね。国内の財政も赤字になったけれども、対外的にも輸入超過《ちょうか》だから、当然、赤字になる。ただ、経済自体は大きくなったので、国内は、いちおう繁栄しているようには見えたね。

これは、いわゆる一種のバブルだろうが、そのバブルを支えるために、移民をいっぱい受け入れたわけだよ。それで労働力を補填《ほてん》したわけだね。

私のころは、アメリカの人口は、確か二億人ちょっとぐらいだったけれども、今は三億人前後いるから、一億人以上は増えていると思う。

しかし、日本人には、そんなふうに一億人も外人を受け入れるだけの勇気が、たぶんないと思うんだよ。勇気がなくて、日本文化にこだわっているんだったら、まあ、小さくなるしかないのさ。ハハハハ。

いったん小さくしたら、また倍増できるよ。フッ、フハハハハ。

A――　しかし、せっかく先人たちが日本をここまで発展させてきたわけですし、そして、ご存じかどうか分かりませんが、今、エル・カンターレという救世主が日本に生まれていますので……。

池田勇人　ああ。言っとくけど、わしは信仰心《しんこうしん》はあるんだよ、君。君は知らんかもしれんけどさ、わしは若いころに死にかかったからな。だから、信仰心はすごくあるんだ。両親もそうだったから、気がついたら祝詞《のりと》を唱えてるかお経《きょう》を唱えてるかどっちかだったんだよ。まあ、病気でミイラみたいになったのも治ったしなあ。信仰心がすごくあるんだよ、わしは。そうなんだよ。ほとんど神頼《かみだの》みで偉くなったんだ。

わしは、宗教的には、そんなに節操を守らないから、何でも拝むよ（会場笑）。

A――　はい。それで、やはり、この日本には、これからの世界を引っ張っていく資格があると思います。ほかに、よい国が見当たりません。西洋文明と東洋文明を統合している奇跡《きせき》の国・日本が、今、出来上がっていますので、私たちには、この日本をさらに発展させていくミッションがあるのではないかと思うのです。

このへんについては、今後、私たちも、池田先生の「所得倍増計画」等を見習っていきたいと思っています。

池田勇人　君らに、アフリカの人だとか、サウジアラビアの人だとか、中国の人だとか、アボリジニだとかを、いっぱい受け入れて、一緒に仕事をするだけの勇気がありゃあ、もうちょっと発展する可能性はあるけどね。そういう勇気がないんなら、あきらめたほうがいいと言っているんだよ。うん。

ちょっと難しいんじゃねえか。それだったら、こぢんまりと生きていくしかないわな。

A――　あとは、やはり国民を啓蒙《けいもう》するしかないでしょうか。

池田勇人　うーん。いやあ、わしはね、六十五年の成長と平和っていうのは、もう、十分だと思うよ。歴史の流れから見りゃあ、このくらいのところまで来たら、だいたい戦争になるか、経済的にすごく落ち込むかしている。まあ、何か起きてもいい時期ではあるわな。

だから、民主党が地獄の底まで落としてくださるんなら、それはそれでまた這《は》い上がってくる楽しみがあっていいじゃねえか。な？

貧しさを味わったら、成長する楽しみが出てくる

司会　最後に、私のほうからお尋《たず》ねしたいのですが、もし、今、この段階で池田先生が総理になられたら、どうなさいますか。

池田勇人　わしが首相になったらか？

司会　はい。

池田勇人　うーん。うーん……。（約十秒間の沈黙）うーん……。（約五秒間の沈黙）

基本的に、今、「中国を取るか、アメリカを取るか」の二者択一《たくいつ》を迫《せま》られているんだろうとは思うんだけどね。

そうだねえ、日本が中国とアメリカから離《はな》れて独自の経済圏《けん》をつくろうとしたら、だいたい三億人ぐらいのマーケットをつくらなければいけないのでね。そのくらいの、〝国境のない国家関係〟を何カ国かでつくらなけりゃ、やっぱり厳《きび》しいだろうねえ。

だから、日本はもう、昔《むかし》の世界の五大強国ぐらいに落ちていくんじゃないか。うん。現時点でわしがやっても、そのくらいになると思うな。

上を目指したら、君ら、崖《がけ》から落ちるよ。世界の五大強国で踏《ふ》みとどまるぐらいのところで、何とか土俵《どひょう》いっぱい粘《ねば》るしか方法がないな、今んとこな。

司会　やはり、「粘る」という方向でしょうか。

池田勇人　いや、粘らなくても、土俵から落ちたって構《かま》やしねえんだよ。

司会　いや（笑）、池田先生が総理になるのでしたら、そのようなことには……。

池田勇人　土俵から落ちて這い上がるのもまた、人生、楽しいもんだよな。一回、貧しさを味わったら、また成長する楽しみが出てきて、いいんだよ。昔は、月給は一万円ぐらいしかなかったんだからさ。それが、今、十万でも二十万でも「少ない、少ない」ってブウブウ言ってるんだろう？　高度成長っていうのは、そういうことだから、また一万円に戻したら、「月給が二万円になった」と言って喜ぶようになるんさ。

世界には、まだ月給が日本の十分の一、百分の一の所が、いっぱいあるからね。

だからまあ、そんなにガチャガチャ言わんでもいいじゃないか。

日本は貧乏神《びんぼうがみ》に取り憑《つ》かれている

まあ、日本で安売り店が流行《はや》ってるっていうことは、間もなく給料が下がるってことさ。安売り店にちょうど合ったような収入構造に、全部変わるのさ。高収入を得て高級品を買うよりも、安物買いのほうを選んだんだろ？　日本人はデフレの傾向《けいこう》を選んだと私は見るね。それなら高度成長はできないね。

そのデフレ基調と合わせて、国家の経済は衰退していくはずだ。毎年何パーセントか下がるぐらいのレベルになっていくだろうね。

それを打ち破《やぶ》るためには、日本人としての純一性だの単独性だのを捨てなきゃならないから、右翼《うよく》を黙《だま》らせなきゃいけないし、皇室の危機はもっと増幅《ぞうふく》されることになるだろうね。日本国民の単一性、同一性、こういうものは失われる。治安ももちろん悪くなる。

それに、これ以上、競争の世界に行って、アメリカみたいに拳銃《けんじゅう》を撃ち合ったり、あるいは、学歴差別でものすごく収入に差が出たりするような社会を望むか望まないか、ということだ。

今、民主党政権になって、小泉政権は、すごく悪く言われているけどさ。あの時代は戦後最長の経済成長だったんだろ？　悪く言われているが、経済成長したんだよね。日本人は、それが恐ろしくなって自分で潰しに入っているんだろ？自分たちが、成長する気がなくてデフレのほうへ導いているわけだから、今、国として貧乏神《びんぼうがみ》に取り憑《つ》かれているんだよ。

何ていうかな、富の大きさを受け止めるだけの器《うつわ》がねえんだよな。金を稼《かせ》いでも、もうこれ以上、使い道がないんだよ。どうしようもないんだよ。日本人には、これ以上、金の使い道を考えようがないんだよな。うん。

司会　アイデアがないのでしょうか。

池田勇人　ああ、ないんだよ。だけど、中国なんて、貧しい人は山のようにいるから、もっと金が欲《ほ》しくてしかたがないんだよ。中国の山奥《やまおく》には、年収二万円ぐらいの人が、ごろごろいるわけだからさあ。こういう人たちは、年収二十万なり、百万、二百万になりたいのさ。だから、頑張《がんば》って稼いでいるんだが、まだまだ足りないんだよ。

だけど、日本人はもう満ち足りているんだ。「働かなくても国家が面倒を見てくれたらいいんだ」っていう世界に、今、入ろうとしているんだよな。働かなくても国家が面倒を見てくれるっていうんだから、潰れるに決まっているじゃないか、そんなの。
司会　そうですね。
池田勇人　な？

4　第一権力としてのマスコミ

今の贅沢《ぜいたく》マスコミは懐柔《かいじゅう》できない

司会　池田先生の、もう一つの評判として、「マスコミに対して非常に説明能力が高かった」ということを聞いておりますが。

池田勇人　初耳だねえ。知らんねえ、そんなのは。

司会　記者の方々と、じっくり話したと言われています。

池田勇人　ああ、それは、あれじゃねえか、家内の力か秘書官の力じゃないか。

司会　そうですか。

池田勇人　うん。わしの力じゃねえよ、そんなの。

司会　今のマスコミに問題はございませんか。

池田勇人　今のマスコミと、わしらのころのマスコミは、全然違うんだよ。昔のマスコミは、勝手口から上げてやって、おにぎりでも食わしてやりゃあ、もうそれだけで、いい記事を書いてくれたんだよ。今のマスコミは、「この程度のウイスキーじゃ、書けませんな」「こんな安物をよこしおって」って言うような贅沢《ぜいたく》なマスコミだ。もうどうしようもねえよ、本当に。

わしの力じゃ、そんな今のマスコミは懐柔《かいじゅう》できんわ。まあ、こりゃ無理だな。贅沢になっとるよ。マスコミは、もっともっと接待しないと、いい記事なんか書いてくれない。ものすごくいばって、強くなっちゃってるな。どんどんどんどん強くなっちゃった。

だから、自分らで、いつでも自由に総理の首を切れるようになったんだよ。「マスコミ即《そく》ギロチン台」なんだよ。「いつ切ったろか」と、自分らで目標設定して、「○年○月に首を切る」って決められるんだよ。それで、あと、何社かで談合すれば、そのときに本当に首を切れる。

いっぱい、しゃぶり尽《つ》くして、もう、しゃぶるものがなくなったら、そこで捨てるということだな。

まあ、今は菅も持ち上げられているが、しゃぶられたあとは、どっかで捨てられるよ、そのうちな。今は「庶民派宰相《しょみんはさいしょう》」って持ち上げられてるんだろ？　そのうち、「貧乏人の小倅《こせがれ》が、偉くなりおって！　この成り上がりもんが！」と言って叩《たた》き落とされるよ。「国家経営など何も分からん者が、総理になりおって！」と言われて、きっと叩き落とされる。もう、先の筋書きは見えているな。うん。

マスコミが潰《つぶ》れるのを待つしかないのか

司会　そうすると、「マスコミ」イコール「国民の選択《せんたく》」という構図になっていると思いますが。

池田勇人　そうなんだよ。もう、マスコミが第一権力なんだよ。これは、どうしようもないよ。今は、マスコミが潰《つぶ》れるのをじいっと待つしかないな。どうしようもないいんじゃない？

あんたがたが、幸福実現党をつくったって、要するに、マスコミは政権なんか取らす気はないからな。

君ら、全然、接待しないだろ？　駄目だよ、そんなの。政権を取れるわけがないよ。政党の費用の半分ぐらいをマスコミ対策費に充《あ》てなきゃ駄目なんだよ。ホテルで飲み食いをさせて、ハイヤーを付けて帰すぐらいやらないとな。あとは盆《ぼん》暮《く》れにちゃんと贈《おく》らないと、駄目なんだよ。

司会　ただ、マスコミも、もうあと数年で滅亡《めつぼう》していくのではないかという意見もあります。

池田勇人　まあ、今はちょっとリストラが進んでいる。赤字だからね。赤字にはやっぱり勝てないよな。マスコミは、潰れないように、政府に〝おねだり〟するつもりだろうとは思うけどさ。まあ、共倒《ともだお》れするかもね。諸行無常《しょぎょうむじょう》だよ、君。上がったものは下がり、下がったものは上がるのさ。だから、いずれ次の権力が出てくるさ。うん。

この状況じゃあ、君らには、しばらく勝ち目がない。アハハハハ。あきらめろ。ハハハハハハハ。

もう、割が合わねえよ。使った金に比して、得られるものが少なすぎるわ。

司会　私たちは、使命感から、このように党をつくって国難を訴《うった》えているわけです。

池田勇人　まあ、ご苦労なこった。でも、おれらは時代がよかっただけだからな。三流の人間でも偉くなれる時代だったけど、今は駄目なんだよ。一流の人間が出てきたら、本当に国は下《くだ》っていくんだよ。残念だけどな。過ぎた望みを持つので失敗していくのさ。

いったん下がったら、また上がるんだよ。だから、まあ、下がったらいいんだ。下がっているうちに、中国のバブルが弾《はじ》けたりしてさ。そうしたら、また上がってくるんだよ。うん。それでいいんだよ。

司会　はい。貴重なご意見をありがとうございました。

池田勇人　うん、うん。

大川隆法　（池田勇人に）はい。ありがとうございました。

第2章

新・所得倍増論

二〇一〇年六月八日　下村治の霊示

下村治《しもむらおさむ》（一九一〇～一九八九）

戦後日本を代表するエコノミスト。佐賀《さが》県出身。東京大学経済学部卒業後、大蔵省《おおくらしょう》入り。経済企画《きかく》庁の前身である経済安定本部物価政策課長、日銀政策委員などを歴任。退官後は日本開発銀行理事、日本経済研究所会長などを務める。独創的な理論経済学者として知られ、池田内閣《ないかく》の経済ブレーンとして「国民所得倍増計画」立案の中心的役割を果たし、高度経済成長の理論的支柱となる。オイルショック後には「ゼロ成長」論も主張した。

［質問者はBと表記］

1　高度経済成長のプランナーとして

悲観論の広がるなかで高度成長論を唱えた

大川隆法　引き続き、池田勇人《はやと》元首相《しゅしょう》のブレーンでもあり、日本の高度成長を支えたエコノミスト、下村治《しもむらおさむ》さんをお呼びしたいと思います。（大きく息を吐《は》く）

（約十五秒間の沈黙《ちんもく》）

エコノミスト下村治さんの霊よ、エコノミスト下村治さんの霊よ、願わくは、幸福の科学総合本部に降《お》りたまいて、日本経済の行方《ゆくえ》、あり方、未来について、われらを指導したまえ。

下村治さんの霊よ、われらを正しくお導きください。

（約二十秒間の沈黙）

下村治　下村です。

司会　本日はありがとうございます。

下村治　うん。

司会　先ほど、池田勇人先生をお呼びいたしました。その池田先生の下《もと》で、高度経済成長のプランナーとして、非常に大きな力を発揮された下村治先生に、さまざまなご指導を賜《たまわ》りたいと思い、お呼びいたしました。

それでは、質問者のほうから、質問させていただきます。

Ｂ──　下村先生、本日は、日本の高度成長戦略について質問させていただく機会を賜り、まことにありがとうございます。私は、月刊「ザ・リバティ」（幸福の科学出版刊）という雑誌の編集、ならびに、幸福実現党の政調会を担当している者でございます。

下村治　うん、うん。

B――　下村先生は、経済予測、経済分析《ぶんせき》におきましては、戦後最高のエコノミストとも言われております。

下村治　いやいや、そんなことはない。最高じゃない、最高じゃない、最高じゃないよ。うん。まあ、何人かいたなかの一人だ。君、それは間違《まちが》いだよ。最初から訂正《ていせい》しとくよ。うん。

B――　ただ、戦後の復興期が終わった一九五〇年代には、当時の経済学者、エコノミストの間で、かなりの悲観論が広がっておりました。そのなかで、下村先生は、高度成長論を唱えられ、そのときには夢物語と捉《とら》えられていましたが、「十年後には、所得二倍増どころか、二・五倍増、あるいは三倍増もありうる」という超・強気の予測をされて、見事にそれを的中させました。

その背景には、「自由主義経済の下《もと》で、国民の創造力やエネルギーを解放すれば、所得倍増は可能なのだ」という、国民の力に対する信頼感《しんらいかん》というものがあったように思います。

今、二〇一〇年代に入って、やや悲観論が強まり、「経済成長はなかなか難しい」という考え方が広がっております。ただ、日本の国民には、もっと潜在《せんざい》能力があり、創造力もあると思います。こうした国民の力を再び解放していくためには、何が必要なのか、アドバイスいただければ幸いでございます。

下村治　いや、私が、高度成長論というか、「所得倍増計画」を出したときには、すでに、日本はかなりの成長期に入っていたんだけどね。今の国民性がそうであるように、それは、一種のバブルのように捉えられていた。当時、ほとんどのエコノミストの読みとしては、「どうせ、そんなものは二、三年で終わり、続かないんじゃないか」みたいな感じだったわけね。

けれども、私は、「これは、日本経済のステージが上がろうとしている段階なのだ。今、日本は、戦後の荒廃期《こうはいき》から、本当の高度成長期に入ろうとしている。ちょうど、大陸棚《だな》に上がっていくように、ステージが上がっていこうとしている段階なので、これは本物だ」というような読みだった。

経済成長はしていたんだが、それを、単なる「景気循環《じゅんかん》」的に読む人が多かったんだね。うん。

私は、「客観的に見て、日本の経済ステージはもっと上がる」という予想をしていた。まあ、論敵もいたけどね。当時、有名なエコノミストはたくさんいたけど、そのなかに、論敵もいて、まあ、都留重人《つるしげと》みたいなのが、真っ向から反論してきたと思う。

私自身は、名前が「下村」だから、もう、どうしようもないんだけれども、本当は、目立つのはあまり好きじゃない人間なんだよ。こっそり勉強して、シコシコと計算したりしているほうが好きな性格なので、あまり派手なことは私には向かないんだ。

土地担保主義に代わる新しい経済学を

今の日本に処方箋《しょほうせん》を出すとしたら、さあ、どうするかな。

私は、「所得倍増計画」によって、日本を高度成長の波に乗せることで有名になったけれども、晩年は、一転して、低成長論を説いているんだよ。「日本はもう低成長時代に入った。あまりアメリカ的な景気拡大ばかりを目指すと危険だ」と言っていた時代もある。

そのように、両方を使い分けているので、どちらが私の本心かは、ちょっと言いかねるところがあるんだがね。

今の日本を見るかぎり、戦後期の大経営者たちが、だいたい引退していると思うんだよね。戦後、三十年、四十年かけて、一代で大企業《だいきぎょう》をつくった人たちが、だいたい使命を終えているし、戦後できた大企業が、みな天井に打ち当たってきているというところはあるな。

したがって、これから日本経済を成長させようとするんだったら、やはり次の成長産業を大きく育てていくような、そうした三十年をつくることが大事だろうとは思うね。

今はまだそれほど大きくはないけれども、これから成長していく産業を、たくさんつくっていくことが、日本の経済を、波状攻撃《こうげき》的に強くし大きくしていく道だろうと思うね。

金融《きんゆう》については、財務省も、日銀も、政府系のほうも考え方を変えきれないでいるけれども、そうした「雨後《うご》の筍《たけのこ》」風の新企業というか成長企業を信用して、これらを大きくしていく力が必要だと思う。

大銀行の人たちは、みな用心深くて駄目《だめ》だし、「戦後の土地担保主義はもう終わった」ということが十分に分かっていないんだ。

土地担保主義だったら、地価が下がった場合、もう担保としては役に立たないでしょ？「土地さえ担保に取れれば貸せる」などと言っていては、土地の値段が下がっていくデフレ基調の場合、土地が担保にならないので、基本的に融資《ゆうし》はできない。

さらに、株価もどんどん下がっていくというのでは、企業の資金調達はかなり難しくなるよね。株が上がっていくと予想できれば、株を買ってくれる人が増えて、資金調達が可能になるけれどもね。

このように、直接調達もできず、そして、銀行からの融資もなく、資金が流れてこないというのでは、新規企業の成長はとても難しいことになるわな。

これに関して、私はやはり「新しい経済学」が必要ではないかと思うね。

まあ、先ほど、池田さんも言っていたけれども、私も、融資における、ある意味での「デタラメ度」というのかな、そうしたものがあっていいと思うね。うん。

2　日本経済の新たな使命

「円安にして輸出で稼《かせ》ぐ」というのは発展途上《とじょう》国の考え方

下村治　例えば、今、日本は、財政赤字だね。赤字国債《こくさい》をたくさん出して、その結果、九百兆円近い、ものすごい額の国債等の借金がある。

一方、ヨーロッパでは、ギリシャが経済危機で潰《つぶ》れかけ、その次に、今、ハンガリー危機が囁《ささや》かれてユーロが下落《げらく》し、円高がまた進んでるんでしょ？

その前には、アメリカのクラッシュが来てるよね。アメリカ経済の危機の次は、ギリシャの経済危機で動乱が起き、ハンガリーでも信用危機が来て、ユーロ危機が来た。それから、東南アジアのほうでは、タイだとか、いろんな所で政情不安が起きている。

これだけ世界が揺《ゆ》れているなかで、何だかんだ言いながら、円高が進んでいるわけだ。

それで、新総理の菅《かん》さんは、「円安に持っていって輸出で稼《かせ》ぎたい」って言っているんだろ? 基本的に間違いだよ。これは、要するに、発展途上《とじょう》国の考え方なんですよ。「自国の通貨を安くして、外国に安いレートで大量に売りつけ、外貨をためる」というのは、発展途上国の考え方なんです。

戦後の日本も円安だったしね。今は、一ドル九十円台だけど、長らく三百六十円ぐらいで固定されていた。今と比べれば、三倍から四倍は円が安く見積もられている状況《じょうきょう》を長く続けていた。

当時、実際に海外の駐在員《ちゅうざいいん》が、一ドル百円で生活の計算を立てていたことからすると、このレートは、購買力平価説《こうばいりょくへいかせつ》から見て間違っているね。海外駐在員は一ドル百円で生活していたのに、実際のレートは三百六十円。その次に、三百円から二百円台になっていったけれども、要するに、その間、日本に稼がせてくれていたわけだよ。

つまり、戦勝国である強い先進国が、敗戦国の日本を立て直すために、円安を認めて、輸出で儲《もう》けさせてくれたんだ。それで日本は発展したんだよ。そういうことがあったわけだ。

今の中国が発展しているのも同じ事情なんだよ。「中国は、貧しくて人口が多くて大変だ」ということで、元安《げんやす》を認めてやり、儲けさせてやっている。だから、経済が大きくなっているんだ。だけど、そろそろ、そのフェイバー（恩恵《おんけい》）はなくなろうとしているわけね。

戦後、日本は、中国に対して円借款《えんしゃっかん》で金まで貸していたんだが、中国自体が強くなってきたので、それを打ち切った。その次は、当然、元高《げんだか》になって、これまでの元安というハンディを取られてくるよね。

そうなると中国の経済成長は、完全に鈍《にぶ》ってくるはずだ、そのうちにね。

菅さんとかは、「また円安で輸出主導にし、金儲けして豊かになろう」と、古い頭で考えているんだと思うんだよ。自分らが、小学校、中学校、高校のころに習った社会の教科書どおりのことをね。当時、日本は輸出立国ということで、「原材料がなく、資源がない日本は、輸出で食べるしかない」と習ったので、まだその考えのままでいると思うんだな。

でも、これは発展途上国の考え方なんだよ。

円高で持ちこたえれば、日本は「世界の牽引車《けんいんしゃ》」になれる

「日本が円高で持ちこたえ、世界の牽引車《けんいんしゃ》になる」ということは、何を意味しているかというと、実は、「円に対して通貨が安くなっている所を助けてやる」ということなんだよ。それだと、日本に対して安く輸出できることになるからね。

例えば、ユーロ安になれば、日本はヨーロッパの製品を安く輸入できるようになるわけね。そうすれば、ヨーロッパを助けることになるんだね。ユーロ安でヨーロッパの製品が安く日本に入ってくるようになれば、日本でも市場が開ける。要するに、ヨーロッパの製品やお店がいっぱい入ってこれるようになるわけですよ。

円安だったら入ってこれないけれども、円高なら入ってこれるようになるわけ

だね。円高時代になると、外国企業が日本にいっぱい攻《せ》め込《こ》んでこれるし、ものをいっぱい売り込みに来れるんだよ。しかし、まあ、それはね、しかたないことなんだ。

例えば、将棋《しょうぎ》の腕《うで》が上がると、やっぱり、香車《きょうしゃ》を落とし、次は角《かく》や飛車《ひしゃ》を落として、ハンディ戦をやるだろ？　プロとアマだったらね。そういうふうに、経済のレベルが上がるとハンディがつくんだよ。だから、これからの日本は、ある程度のハンディ戦をやらなきゃいけない。

これだけの財政赤字があると言いつつ円高になるのを見れば、もう日本は、プロの有段者なんだよ。だから、ハンディを受けて立たなければいけないんだよね。

同じ時代の同じ地球にいて、一人当たりの所得が一対百ぐらい開いているようなことは、自由な貿易圏《けん》のなかで、ありうるはずがない。こんなありうるはずのないことが、現実にはあるわけだから、やっぱり、ハンディが要《い》るんだよ。

したがって、これからは、ヨーロッパも助けてやらないといかんし、アメリカも助けてやらないといかん。中国も、現実には、助けてやっている状態だ。中国は日本の悪口を言っているけれども、実は、日本が中国の成長をかなり助けてやっている。次は、アジア・アフリカを助けてやらなきゃいけない時代だな。

そのために、やるべきことは、やはり、外国からものを安く買って、消費してやることだよ。彼《かれ》らはそんなに売るものがないんだからね。

そうは言っても、日本の経済道徳から見れば、消費は悪いことのように言われがちだ。けれども、「お金を貯金して、ただ抱《かか》えておく」とか、「郵貯《ゆうちょ》で置いておく」とか、そういうのはあんまりよろしいことじゃないんだよ。

国債を買うのもいいけれども、やっぱり実際に使ったほうがよろしくて、基本的には、もう一段、消費して、お金を回転させなければいけないんだ。

やっぱり、ものを買わなきゃいけないんだよ。まあ、基本的に、そういう時代に入ったと私は認識《にんしき》するね。

外国の安い労働力を入れないと、日本の産業が空洞化《くうどうか》する

それと同時に、外国の安い労働力もたくさん入れなければいけないと思うね。そうしないと、日本は強くならない。安い労働力を入れて、日本で生産できるようにしないと、産業が完全に空洞化《くうどうか》してしまう可能性が高いね。

農業なんか、外国人労働者を雇《やと》って、もっとしっかりやったらいいと思うよ。食料の自給率を上げなきゃいけないし、今後、世界的に食料危機が起きるのは間違いないので、増産しなきゃいけないと思うよ。うん。

今みたいな、サラリーマンが片手間にやっているような農業では、無理だよ。できるわけがないよね。安い労働力を外国から入れれば、補助金も要《い》らなくなる。

彼らは、補助金をやらなくても、毎日せっせと働くからね。ちょっと、このへんで、政策を変えたほうがいいな。やっぱり、「強者のハンディ」っていうのを学ばなきゃいけないね。菅さんあたりの頭のなかには、日本が中進国から先進国に伸《の》びようとしているときの経済が入っている。もう時代は変わったと思うな。

Ｂ――　非常にグローバルな視点からのアドバイスをありがとうございます。まさに、戦後のアメリカが果たしてきたような超大国《ちょうたいこく》としての役割を、今後、日本も果たしていかなければならないと思います。

下村治　そうなんだよ。本当に鳩山《はとやま》君のような「友愛」を言うのなら、そのくらいまで考えてやらないといけない。口だけでは駄目で、「友愛」と言う以上、ほかの国が本当に発展するようなところまで考えてやらなければいけないんだ。日本の使命としてね。

だから、日本は、有段者のハンディとして、高い技術で、よそではつくれない高付加価値のものをつくる。そうした方向に、企業がシフトしていかなければ駄目だね。それができずに、関税障壁《しょうへき》なんかつくるようだったら、この国はもう先がないな。うーん。

3　新産業の創出と資金づくりのコツ

金融庁《きんゆうちょう》を廃止《はいし》し、銀行を自由化する

B——　先ほども、「雨後の筍《たけのこ》のように新しい産業をつくっていく」というお話がありましたが、ここの部分では、やはり資金調達がネックになってきます。今の金融《きんゆう》機関ですと、リスクを取ることを非常に恐《おそ》れるので……。

下村治　そうだね。

B――　そういう新しい産業にお金を投じるということが、なかなかできなくなっています。その点で、政治としても、ある程度、工夫《くふう》をしていく必要があるのではないかと考えております。

下村治　うん。君ねえ、そこなんだよ。

本当は、資金調達ができなきゃ新しく企業は起こせないんだ。しかし、「景気が悪い」とか、「株価が下がる」とかいう状況では、企業の業績や財務内容が悪くなるので、銀行は金を貸さない。それで、企業が発展しない。そのため、株価が下がってしまい、株をいっぱい持っている銀行の財務内容が悪くなって、銀行はますます萎縮《いしゅく》する。そして、信用の創造ができなくなっていくという、悪循環だな。

だから、今、銀行自体の株価が非常に下がって、最後のツケが全部回ってきている状態だ。でも、これは、銀行がやっぱり悪いんだよ。

ここはやはり、発想を変えなければいけない。

もし銀行を規制しているものがあるとすれば、それは、法律や役所の通達等による締《し》め上げだろうから、そういう金融庁みたいなものは、もう廃止《はいし》したほうがいいんじゃないか？　監督《かんとく》なんかしちゃいけないよ。「自己責任にて経営なされ」ということが本当だと思うな。あれだけ大きな企業体になって、監督されなきゃいけないのは、恥《はじ》だよな。だから、金融庁は、もうやめたほうがいいよ。

銀行は、自分たちの裁量でやるべきだ。何十兆円という金を持っているんだから、それをどのように使うか、頭を使わないといけないね。優秀《ゆうしゅう》な人材はいっぱいいるのに、頭が使えず、役人みたいになっているんだよ。リスクを避《さ》けて責任を負わない体質になっているのを改善しなきゃ、駄目だね。

まあ、メガバンクに集約はされたけれども、その結果、「役所化してしまった」

ということであるならば、これは問題だ。それならば、今度は、子会社銀行をつくって、リスクのある仕事をやっていかなければならないだろうな。

正統派の銀行のほうが駄目で、闇《やみ》金融みたいなものばかり流行《はや》っているという時代だろう？　これはやっぱりおかしいよ。闇金融で、社会問題がいっぱい起きているんだから、そういうものを放置してはいけない。これは、銀行業が正当な業務を怠《おこた》っていることを意味しているな。

本来、銀行のほうからしなければいけない融資をしないから、闇金《やみきん》で、社会事件がいっぱい起きているということだ。恐喝《きょうかつ》まがいの脅迫《きょうはく》等が起きて、刑事《けいじ》事件になったりする。本来、経済マターとして、民事レベルを超《こ》えてはいけないものが、刑事事件になり、警察が解決しなきゃいけなくなっているわけでしょ？

このように、銀行がもう全然駄目なので、ここを自由化しないといけないと思うね。

まあ、日銀や財務省等にもメスを入れなければいけないと同時に、金融庁をつくったことにも問題はある。とにかく、役所の無駄《むだ》な仕事を廃止していく必要はあるな。

本当の意味での自由化が後《おく》れているところは、やはり規制を緩《ゆる》めないといけないと思うね。ええ。

官民を挙げてファンドをつくり、成長産業に投資せよ

B――　ありがとうございます。

幸福実現党では、先ほどの新産業づくりや、あるいはリニアモーターカーを中心とする交通インフラづくりのために、二百兆円ぐらいの資金を集めていこうと考えているのですが、常識的には夢物語の世界と思われています。

下村治　いや、そんなことはないよ。夢物語じゃない。

それをやったら、第一次大戦で敗北してベルサイユ条約以降苦しんでいたドイツを立ち直らせた、ヒトラー並《な》みの急回復をするだろうね。十年ぐらいで完全に高度成長に乗っちゃうね。それだけ勇気のある人がいればの話だがね。

しかし、それは夢物語じゃない。二百兆円ぐらいの投資をして、リニア構想をやってのけられる人がいたら、もう一回、高度成長に入る。間違いないよ。うん。

B――　そのための工夫としては、官民でお金を出して、「リニアファンド」や「未来産業創造ファンド」のような官民共同ファンドをつくったりとか、あるいは、まったく別のスタイルとして、日銀とは違った「未来事業銀行」みたいなものをつくって「未来事業銀行券」を発行し、それで資金調達してしまうとか、いろいろなアイデアがあるかと思います。
これは、政治家の決断で本当に可能と考えてよろしいでしょうか。

下村治　例えば、税金に対してもね、国民の間に、「税金と称して集められたあと、どう使われているか分からない」という不信感が非常に強いために、「消費税を福祉《ふくし》目的税として使う」などと、宛先《あてさき》を言って集めようとするんだろ？　そうすれば集めやすくなるわけだね。

ファンドも同じさ。税というかたちではなくても、目的をはっきりさせて集めるわけだ。

要するに、みな、お金の使い道が分からないので、しかたがないから、銀行に置いておくとか、たんす預金にするとか、国債を買うとか、その程度になっているんだね。

だから、リニアに投資したり、幾《いく》つかの成長産業に投資したりするために、官民を挙げて、半官半民の大きなファンドをつくるべきだ。

そういう事業形態をつくらないと、リニアも、今のままでは、ちょっと、東京―大阪間に敷《し》いただけで、息が切れてしまうだろう。「東京―大阪間に敷いて、経済効果があるか、結果を見てから、その先を考えましょう」とか、「あっ、高速道路のほうが弱ってきたから、やっぱりつくれないかもしれない」「飛行機会社の客がちょっと減った」とか言って、すぐ止《と》めてしまうかもしれないね。うん。

私は、それはやるべきだと思うよ。

その代わり、インフレ率としては、八パーセントから十パーセントのインフレが起きるけれども、デフレによるマイナスシフトを差し引くと、まあ、成長率は五パーセント前後の巡航《じゅんこう》速度になるのではないかと思うね。

4　政策提言はどうあるべきか

幸福実現党の政策は〝ワープ〟している

B――　分かりました。

幸福実現党では、そうした未来産業やリニア構想の必要性を訴《うった》えているのですが、有権者側から見ると、やや生活に密着していないように受け取られがちです。ただ、実際には、これによって、所得倍増、あるいはさらに所得が増えるということは可能だと思います。

このあたりについて、有権者に対し、どのように訴えていけばよいでしょうか。

下村治　いや、それは、あれなんだよ。君らは、早いんだよ。それは、政権を取ってから言うことなんだ。昔《むかし》の自民党みたいに、次の総理を目指す人が、いよいよ総理になるというようなときに打ち出される政策なんだよ。

だから、一議席もないというか、まあ、議員が一人いるのかどうか知らんが、その段階で言っているもんだから、夢物語に見えるのさ。本当は、政権与党《よとう》が打ち出さなきゃいけない政策だから、すごく〝ワープ〟して見えるんだよ。間違っているわけじゃない。だけど、〝ワープ〟しちゃっているんだよ。とっても飛んじゃっているので、気をつけないと、ほかの政党にパクられて、やられちゃうだろうな。アッハッハッハッハッハ。

本当は、こんなのは秘策として隠《かく》しておいてだね、いざ政権を取るときに出してこなきゃいけないものなのに、君らは、早めに言っちゃうだろ？　正直だからね。だから、ほかの政党がパクりに来るさ、人気が出てきた場合はね。君らの票にはならずに、よそがやっちゃうだろうな、きっとね。ええ。

菅さんなんか、おそらく、行き詰《づ》まったら、こっちの政策をパクりに来るよ。そう思うね。

君らは、踏《ふ》んだり蹴《け》ったりかもしれないねえ。まあ、しょうがない。正直者がばかを見る世の中なんだよ。まあ、しかたないんじゃないか。本当は、アイデア料だけでも、もらわなきゃいけないんだがなあ。うん。

でも、この国は、今も、宗教にとってあまりいい状況じゃないから、マスコミと政治の連結したスタイルは、一回、崩壊《ほうかい》したほうが、すっきりしていいんじゃないか。ちょっと戦後体制を壊《こわ》さないと、つくり直せないよ。このままでうまくいくんだったら、何も新しいものは要らないからね。これはやっぱり、一度、行き詰まらないといけないんじゃないかなあ。うん。

B――　分かりました。

下村治　君らの言っている、その二百兆円を集めてリニアモーターカーその他、宇宙産業、軍需産業等も起こすということは、非現実的なことではなくて、力のある宰相《さいしょう》なら絶対にやることだ。田中角栄《かくえい》に、もう一段、力を乗せたぐらいの宰相なら、絶対にやる。だけど、今は小粒《こつぶ》な人が多いので、そんな人はいやしないだけだね。

幸福実現党は、一議席も取れていない状況で、政権与党が言うようなことを言っているわけで、まあ、〝変な宗教政党〟というところでしょうかね。しかし、君らが間違っているわけではないんだよ。ただ、かわいそうなことに、タイムマシンで未来へ飛んでしまっているというところだな。ああ。

円の基軸《きじく》通貨化と新たな日本の義務

B――　先ほど、通貨についてのお話もありましたが、下村先生は、円が基軸《きじく》通貨化していく流れを見通されているようにも感じました。今はユーロが下落し、非常に危機感が出ているわけですが、今後、世界の通貨体制はどのようになっていくかをお聞かせください。

下村治　まあ、アメリカも、これまた政権が替《か》わればちょっと分からないけれども、今のところ、民主党政権下では、ドルはやっぱり先行き信用度は薄《うす》らいでいくだろうし、双子《ふたご》の赤字は続いていますからね。それで、軍縮をやって、財政を再建しようとしているけど、赤字の額が膨大《ぼうだい》だからね。天文学的な額だよ。これは、どうにもならないし、あの戦闘的《せんとうてき》民族を、どうにも変えられないからね。

そして、中国元《げん》には、まだまだ、自分たちが思っているほどの信用はないね。世界性がないというか、情報鎖国《さこく》をしている面があるので、やっぱり情報が自由に入らない所には、最終的な経済的繁栄《はんえい》はないと見ていいね。

それから、ユーロに関しては、先ほども言ったように、まあ、ちょっと無理したかな。加盟国《かめいこく》を増やしすぎていて、力の差があるからね。だから、うまくいかない面は、もう一つ出てくるだろうね。これは、東アジア共同体が成功しないのと同じ理由です。

まあ、先進国は、ある程度のところでいいけど、でも、やっぱり、君らは、アジア・アフリカの国を豊かにしてやるように努力する義務はあると思うよ、国としてね。彼らに産業を与《あた》えてやらなければいけないと思うな。うん。

B――　ありがとうございます。下村先生は、戦後のご活躍《かつやく》の時点でも、透徹《とうてつ》した理論を組まれていましたが、今、こうしてお話を伺《うかが》っておりますと、現時点においても、非常にクリアーな見通しを持たれていると感じました。

そこで、今、天上界で、どのようなお仕事をされているのか、教えていただければ幸いでございます。

下村治　まいったなあ。君らはすぐそこへ持ってくるからなあ（会場笑）。本当に、まいったねえ。それで、経済学の格が決まりそうじゃないか。

まあ、外人の有名な経済学者さんたちと、そんなに違わない所には来ているよ。うん。君ら、有名な外国人の霊言集《れいげんしゅう》をいっぱい出しているだろ？　彼らと、そんなに大きく変わらない所というか、まあ、話ができるあたりの所には、いるよ。まあ、その程度だな。

だからね、たぶん、この先、円は基軸通貨化していくよ。ただ、「円が基軸通貨化していく」っていうことは、どういうことかというと、要するに、「日本政府の判断で、円がいくらでも刷れる」ということなんだよ。

例えば、百兆円あるところを、二倍の二百兆円にするとしたら、百兆分、日銀券を刷ればいいわけだ。で、その百兆円を、アジア・アフリカの産業振興《しんこう》のためにポーンと使っちゃうわけだよ。そうすると、彼らの産業がガーッと伸《の》びてきて、豊かになり、購買力もつけば輸出力もついてくる。こういう、世界の産業起こしをやらなきゃいけない。

そのためには、やはり、円が基軸通貨化していくこと、つまり、日本が円を刷ることを決めることによって、世界経済をいくらでも動かしていけるような状態になることが、望ましいね。

しばらくすると、ドルと円が対等になってくると思うよ。うん。

B――　はい。分かりました。

下村治　中国も、まあ、偉《えら》そうには言っているけれども、経済的にはまだ後れているよ。

要するに、情報鎖国を完全に解《と》いたら、政治体制が崩《くず》れる。ここを守っているかぎり、最終的に、経済的な主導権を握《にぎ》れないね。経済は、やはり、情報の自由がなければ無理なんだよ。しかし、情報の自由を完全に与えたら、国家が崩壊するんだろ？　崩壊したら、しばらくは、ひどい状態になるからね。だから、今、自由主義経済に完全には入れずに苦しんでいるところだと思う。

日本も、これから十年が国難だと言うけれども、中国だって、これからの十年は、苦しいと思うよ。本当にマルクス・レーニン主義を捨てて、西側に〝帰依《きえ》〟

するかどうか。そうすると、今まで言ってきたことを、全部、否定していかなきゃならない。それはそれなりに、国としてのアイデンティティーが失われるので、つらいと思うよ。うん。

私は過去世《かこぜ》でローマの通貨を発行した

B――　重ねての質問で恐縮《きょうしゅく》なのですが、下村先生は、過去世《かこぜ》においても、そうした経済繁栄の神様として活躍されたのでしょうか。

下村治　ハハ。まいったなあ。君ら、何だかもう、新聞記者だな（会場笑）。まいった、まいった。こんなことを訊《き》いてくるのかよ。ああ、まいった。アッハッハッハッハッハ。まいったねえ。うーん。

まあ、あれだね。「かつてローマやギリシャでも、繁栄をつくるために、ちょっとは役に立ったことがある」ということぐらいは言っておく。だけど、下村治っていうのは、あんまり目立たない人間なんだよ。それでいいんじゃないか。

B——　ありがとうございます。

下村治　まあ、カエサルの肖像画《しょうぞうが》を入れたコインを、こうやって鋳造《ちゅうぞう》していたりしてね（笑）。鍛冶屋《かじや》だったりしてね。コインを、「あっ、一枚できました。もう一枚できました」なんて、つくっていたりして「うまくできたでしょう」とか言って、やっていたかもしれないねえ。ハハハハ。

まあ、そういうことで、ローマの通貨を発行したよ。

所得倍増は可能だ

B――　そうした繁栄の精神を基《もと》にして、改めて幸福実現党の経済政策を考えていきたいと思います。

下村治　うん。だから、方針は間違っていない。ただ、今、政治的な勢力が弱すぎるので、トンビに油揚《あぶらあ》げをさらわれる可能性が極《きわ》めて高いと言わざるをえない。幸福実現党は、ある意味で、ブレーンとしては頭がよすぎるんだよ。政治家より頭がいいので、理解してもらえないんだ。

相手が自分よりずっと頭がいい場合、その人の頭がいいのか悪いのか、凡人《ぼんじん》には、判定がつかないんだよ。政治家たちは、「自分たちは賢《かしこ》い」と信じてるし、マスコミも、「自分たちは政治家よりも賢い」と信じてる。だから、彼らは、自分たちより賢い存在があるということが、なかなか理解できない。

かつて、ソクラテスが賢いことを誰《だれ》も分からず、死刑《しけい》にしてしまった。それと同じことをされないように、気をつけようね。

君らは賢いんだけど、その賢いことを認めたくないために、世間は弾圧《だんあつ》を加えたくなってくるからね。「宗教ごときが表の世界で通用するとは！」なんて、やっぱりジェラシーが出てくるよなあ。そのへんの上手な世渡《よわた》りというものは考えておいたほうがいいよ。うん。

B――　ありがとうございます。今後とも、幸福実現党のブレーンとして、力をいただければと思います。

下村治　ええ、所得倍増は可能ですよ。池田さんは、ああ言っているけど、ブレーンがついていないからですよ（会場笑）。本人に考える力がないだけですからね（会場笑）。所得倍増は可能です。はい。

B――　まことにありがとうございました。

大川隆法　（下村治に）ありがとうございました。

第3章

未来産業を拓《ひら》く輸送革命と情報革命

二〇一〇年六月八日　高橋亀吉の霊示

高橋亀吉《かめきち》（一八九一～一九七七）

大正・昭和期の代表的エコノミスト。山口県出身。苦学して経済を学び、東洋経済新報社の記者、編集長を務める。退社後も在野《ざいや》のエコノミストとして、晩年まで経済評論の第一線で活躍《かつやく》した。具体的で先見性のある論評には定評があり、一九三〇年の金解禁に対し、石橋湛山《たんざん》らとともに反対の論陣《ろんじん》を張ったことでも知られている。公職も歴任し、戦中は近衛内《このえない》閣《かく》の、戦後は池田内閣の経済ブレーンも務めた。

［質問者はCと表記］

1　在野《ざいや》のエコノミストとして活躍《かつやく》した

司会　では、引き続き、高橋亀吉《かめきち》先生をお願いしたいと思います。

大川隆法　高橋亀吉さんは、下村《しもむら》さんなどと同じように、戦後経済のなかで、在《ざい》野《や》のエコノミストとして活躍《かつやく》された方であり、非常に有名な方です。最初は、早《わ》稲《せ》田《だ》大学の講義録などを取り寄せて、独学でかなり勉強されています。その後、早稲田大学に進み、卒業後は、在野のエコノミストとして活躍されました。

ある人に言わせれば、「経済の読みについては百発百中だった」とのことでもあるので、今後の読みについては、かなり期待できるかもしれません。

では、呼んでみます。

（約五秒間の沈黙《ちんもく》）

エコノミスト高橋亀吉さんの霊よ、エコノミスト高橋亀吉さんの霊よ、どうか、幸福の科学に降《お》りたまいて、われらを指導したまえ。

エコノミスト高橋亀吉さんの霊よ、幸福の科学に降りたまいて、われらを指導したまえ。

エコノミスト高橋亀吉さんの霊よ、幸福の科学に降りたまいて、われらを指導したまえ。

（約二十秒間の沈黙）

高橋亀吉　うん。ああ。高橋ですけど。

司会　本日はありがとうございます。高橋先生に、経済面からご指導賜《たまわ》りたいと思い、本日、お呼びいたしました。

高橋亀吉　うーん、何だか、畑違《はたけちが》いのようで。私なんかでいいんですか？

司会　とんでもないことでございます。

高橋先生は稀代《きだい》のエコノミストとして……。

高橋亀吉　いや、現代人で私のことを知っている人は、いないんじゃないですか？　六十を過ぎた人でないと。

司会　いえ、幸福の科学では非常に有名な先生でございます。

高橋亀吉　ああ、そうかい。

司会　よろしくご指導賜ればと思います。

高橋亀吉　まあ、役に立つかどうか知らんけど、質問者次第だなあ。ハハハ。

司会　では、質問者から質問させていただきます。

C――　本日は、貴重な機会を賜り、本当にありがとうございます。私は、月刊「ザ・リバティ」で、主に経済記事を担当しております。

高橋亀吉　ああ、エコノミストじゃないか。

C――　はい（笑）。よろしくお願いいたします。

高橋亀吉　同業者だな。ああ、では、対等に行こう。

C――　はい（会場笑）。

2　輸送革命の効果とは何か

高速道路の無料化自体は正しい

C――「ザ・リバティ」では、今から十二年前になりますが、一九九八年に、天上界の高橋亀吉先生より「高速道路無料化」についての霊示《れいじ》をいただきました。その節は、まことにありがとうございました。おかげさまで、あのときの記事は、「ザ・リバティ」がオピニオン誌として内外に知られる一つの大きなきっかけになったかと思います。

高橋亀吉　うん、うん、うん、うん。

C――　しかし、残念ながら、そのときの景気刺激《しげき》策は、今、民主党のマニフェストに取られてしまいまして……。

高橋亀吉　ハッ。ハッハッハッハッハ。

C――　今は、それから時間もたちましたので、幸福実現党としては、高速道路無料化は政策の中心には据《す》えていないのですが、もし、この二〇一〇年の段階で、私たちが目指している高度成長を実現するために、何か新たな景気刺激策のアイデアがございましたら、お伺《うかが》いできればと思います。

高橋亀吉　高速道路の無料化自体は、正しいんですよ。

もともと、税金を使って高速道路をつくったのは、国民に便益を供与《きょうよ》することが目的だったのに、税金を使ってつくっておいて、高速道路を通るのに、また関所みたいにして〝税金〟を取るのは、二重に課税するということだ。

これは、税金を取る側としては、とても賢《かしこ》い考え方だけれども、顧客《こきゃく》本位というか、お客さま本位の民間経済学から見たら間違《まちが》っていて、経済繁栄《はんえい》を妨《さまた》げる考え方なんだよね。

無料化すること自体は悪くない。ただ、民主党のやり方でいけば、ほかのところに補償金《ほしょうきん》を払《はら》ったり、いろいろバラマキをし始めるだろう。「バスが困る」「飛行機が困る」「電車が困る」「新幹線が、いつも二百パーセント入っていたところが百パーセントになった」とか、いろいろ言い始めるんでね。

道路には補修の費用がちょっとはかかりますけど、高速道路のもともとの趣旨《しゅし》は、「つくって何年かで建設費分ぐらい回収できたら、あとはもう無料にする」ということで、本来、そういう約束で始めたものなんですよ。田中角栄《かくえい》なんかも、そのつもりだったのに、旨《うま》みを知ったら、やめられなくなってしまった。〝税収〟になるからね。

これは、天才的な発明だったかもしれないけどね。

財務官僚《かんりょう》的には、もう、税金を取れるものがあれば、何でもかんでも取ろうとします。とにかく、ものを見たら税金にならないかと考えます。電球を見ては「電球税をかけられないか」とか、考えちゃうわけですよ。例えば、部屋の広さを見て、「〇畳《じょう》以上の部屋をつくった場合に税金をかけられないか」とか、とにかく税金の種にならないかを、みんな考えています。

それは、国家財政のグラフや表をきれいにするためにはいいんだけれども、国民の経済を活性化させるという観点から見ると、必ずしもいいことではないよね。

だから、高速道路の無料化は悪くない案ですよ。

付加価値を付け、輸送コストを下げる

ただね、単に道路であるだけでは面白くないわな。高速道路に、もうちょっと付加価値を付けたほうがいい。今、パーキングエリアなどで、こうした開発が少し進んではいますけれども。

例えば、昔《むかし》、私鉄などをつくったときにも、「電車を走らせるだけでは、乗る人は限られるから」ということで、行き先や途中《とちゅう》に球場をつくったり、駅の上にデパートをつくったりした。小林一三《いちぞう》さんかな、そういう天才的な経営者が、鉄道と、デパートおよび球場経営、こういうものを組み合わせた。

それと同じように、高速道路も、ただ走らせるだけでは駄目《だめ》で、パーキングエ

リアや最終の目的地、あるいは中継地《ちゅうけいち》などに、何かお金が落ちるようなものをつくらないと、繁栄しないわな。ただ田んぼの上を道路が走っているだけじゃ、一円も生みませんからね。そのへんを考えないといけないかなあとは思いますね。

ただ、輸送コスト自体が下がるっていうことは、いいことだな。高速道路ができたために、ある意味での国の独占経営だった、国鉄による貨車輸送は、なくなってしまったんだろうけれども、これは競争によって滅《ほろ》びたんだろうからね。国鉄も長らくストばっかりやっていたから、そういう意味ではよかったんだよ。

でも、まだ、もう一段の競争はありうると思うね。

本当の意味で無料化が進むと、当然、宅配便の料金などは下がっていくはずですからね。そうなれば、郵便局《ゆうびんきょく》の経営を圧迫《あっぱく》すると思うよ。しかし、それで潰《つぶ》れていくなら、それはそれで、実はいいことなんだよ。民営化しないで、今、元の形態に戻《もど》そうとして頑張《がんば》っているんでしょ？　これは、潰し方が足りないんだろうから、もっと輸送コストを下げてやれば潰れてくる。そういう、国のお荷物になっているところは、〝お掃除《そうじ》〟しなきゃいけないわな。

税収だけを考えれば減るようには見えるけれども、高速道路の無料化自体は悪いことではない。

コングロマリット化など、複眼発想を

あとは、鉄道を見ても、やっと今、東京駅の改修工事をしているんだろ？「あの明治以来のレンガの建物を守る」とか言って。まあ、それもいいけど、考え方は、環境左翼《かんきょうさよく》とほとんど一緒《いっしょ》だな。

明治の建物は、写真を撮《と》って残しときゃいいんだし（会場笑）、あるいは、明治村に建物を移しときゃいいのであって、「東京駅ぐらい、ちゃんと近代的なビ

ルを建てなさい。東京駅の上に、五十階ぐらいのビルを建てなくてどうしますか」ということだ。もったいない。いちばん人口が集中している所じゃないですか。こんな所に、なんでビルが建たないんですかねえ。

空港のビルなんかも、もう駄目ですね。日本の空港の場合、「通過するだけ」っていうのが多くて、空港自体に生活機能がほとんど備わっていない。

地方では、県庁所在地の駅なども、これまでは、線路を渡《わた》るために二階建てにしたにすぎないような、通行しか考えていないものだったけれども、ようやく駅の上がホテルなどに変わり始めているところですよね。

今、必要なのは、コングロマリット的、複合的に、いろんな施設《しせつ》をつくっていく発想ですよ。例えば、「駅で、ホテルにも泊《と》まれるし、映画も観《み》ることができるし、ショッピングもできる。育児施設もあれば、小学校も付いている」とか、何もかも機能が備わっているようなコングロマリットをつくる。

高速道路にも、同じような機能があって然《しか》るべきで、高速道路のメリットを最大限に生かして、ターミナルを上手に建設し、そこにいろんな特産品が集結するかたちにしていくとかね。

あるいは、どうしても輸送を必要とするような産業だな。つくったものを大量に陸上輸送しなければならない工場等を、ターミナルに近い所に誘致《ゆうち》し、輸送コストを下げてやれば、けっこう繁栄するわな。

そんな、トータルコーディネーションを考える。映画で言えば、いわゆるシネマコンプレックスですね。

昔、昭和になってテレビが流行《はや》ったら、映画館がバタバタッと潰れていった。しかし、「大画面に映り、音量も大きくて、感動を呼ぶ」っていう映画のよさは、テレビでは味わえないよね。だから、映画館はまた盛《も》り返しているけれども、単体の映画館じゃなく、映画館をいっぱい集めて、いろいろな映画を観られるシネコンをつくり、これが流行っている。

そのように、複眼発想に変えていかなければ、基本的には駄目だろうな。うん。ところが、縦割《たてわ》り行政風に行くと、「道路は道路。鉄道は鉄道。飛行機は飛行機。ホテルはホテル」、あるいは「宗教は宗教」となってしまうわけだ。

ここ（幸福の科学）は、ちょっと違《ちが》うようだけどね。宗教なのに、なんか変なことをいっぱいやり始めているので、ちょっと未来産業系の気《け》があります。

だから、今の業態を基幹にしつつ、「ほかに可能なものはないか」と考えるのが、やっぱり基本的な考え方だな。そうすれば、経済はもっともっと発展する。

物流をよくしないかぎり、経済的な発展はない

輸送コストは、下げたほうが絶対にいい。物流をよくしないかぎり、経済的な

発展はないな。

いくら物の原価が安くても、結局は高くなっていくでしょ？　だいたい、魚にしても、海で泳いでいる魚に値札《ねふだ》は付いていないじゃないか、なあ（会場笑）。原価はただじゃないか。かかっているのは、人件費と、船の代金と、油代だろ？　あと、人が働いたり怠《なま》けたりしているうちに生まれるコストが加わっているんだろうけどさ。水揚《みずあ》げしたあとも、いっぱいコストがかかっているでしょ？

その結果、築地《つきじ》では、マグロが一匹《ぴき》数千万円で取り引きされるんだろ？　そんなもん、「ただで獲《と》っといて、二千万、三千万で売るとは何事か」っていう。「国賊《こくぞく》か」と言いたくなるな。「ただで獲ったんだろうが。マグロに金を払ったんか（会場笑）。払ってねえだろうが」って。そのマグロが、ダイヤモンドかと思うぐらいの値段に変わっている。手間をかけて育てたわけではなくても、そうなっている。

だから、輸送コストっていうのは、基本的には下げたほうが、未来産業にとっては絶対にプラスであることは間違いないですね。

で、同業他社が、「それでは立ち行かない」って言うかもしれないけれども、「競争しなさい。競争して、負けたら終わりですよ」ということですね。

陸上輸送がただになったら、新幹線や航空機は危機に陥《おちい》るかもしれない。当然、悲鳴は出るわな。だったら、対策を考えればいい。

飛行機は速いよ。速いけれども、乗り降りする前後の時間がかかりすぎるために、実際は、新幹線と競争できるぐらいになっているわけです。やっぱり、いかに手続きなどを簡単にするかを考えるべきでしょうね。そうすれば、時間を短縮することは可能だろう。

新幹線は新幹線で、負けないためには、リニアに移行しなきゃいけない。新幹線がリニアになったら、今度は、高速道路のほうも、「車がもっと速く走れるようにする」とか、「料金を下げる」とか、あるいは、「二段構造にして、行きも帰りも二倍の広さの所を走れるようにする」とか、いろいろやらなきゃいけないわなあ。

こうした輸送革命自体は絶対に必要で、これをやらないかぎり、日本国内の貧富の差はなくならない。

よくマスコミ的には「格差」って言うけれども、格差を是正《ぜせい》したかったら、「輸送コストを下げる。そして、輸送速度を上げる」、これが一つの基本です。こうすると、格差は縮まります。

要するに、「距離《きょり》が遠く、輸送コストが高い」っていうだけで、どうにもならなくなる。

例えば、北海道の田舎だったら、交通の便《べん》は悪いよな。それで、「東京と同じ生活レベルを保障《ほしょう》しろ」って言ったって、そんなの無理ですよ。「東京から吸い上げた税金をばらまく」と言ったって、こんなの、何も生産性はありませんわな。やっぱり、交通手段やいろんなものをよくしていかなくてはならないと思いますね。

3　大きな情報革命への可能性

ニーズに合った情報のセレクトが、産業として成り立つ時代

C――　そうしますと、「日本で再び高度成長を実現するにあたっては、都市の再設計をしつつ交通革命を果たしていくことが前提条件になる」という理解でよろしいでしょうか。

高橋亀吉　そうだね。

でも、もっと速いものもあるからね。情報伝達のところは、もう一段速い。こ

ここにも、大きな革命が起きようとしているね。

今、活字の新聞の存続が危《あや》うくなってきているわけだ。大量に木を切ってパルプにし、紙にしたものに、記事を刷り、それを運んでいる。夜明けから、新聞少年が配達している。さあ、これがなくなるか、なくならないか。流れは、なくなる方向に行きそうだね。

かといって、テレビが勝つかといえば、そうではなくて、インターネットは出てくるわ、いろいろ情報革命が起きているね。

ただ、一日の時間は増えないので、例えば、「職業や学歴、収入、家族構成など、いろいろな個人データを入れれば、その人に必要な情報がセレクトされ、短時間内に入手できる」というようなシステムを構築したものが、将来的には勝つだろうね。これを構築できたところは大財閥《だいざいばつ》になると思うね。そういう情報のセレクトが産業として成り立つ時代が来ます。

情報の量は増え、速度は速くなり、ただ、処理が追いつかない。だから、目的に合わせた情報のセレクトができる産業をつくれたら、たぶん、今のグーグルを超《こ》えるものになる。

高品質の情報を提供するところが生き延びる

C――情報を選択《せんたく》する産業をつくるにあたって、政策として、そういった企業《きぎょう》が出てくるように誘導《ゆうどう》する方法はありますでしょうか。

高橋亀吉　うーん。まあ、ないね。

やっぱり企業家の力だと思うね。企業家が出なければ無理で、それを邪魔《じゃま》しないように努力しなければいけない。役所内の縄張《なわば》り争いとか、いろんな法規や通達等で邪魔しているものがあるなら、それを破《やぶ》らなければいけないと思います。ただ、基本的には、企業家の力です。

リクルートをつくった江副《えぞえ》さんみたいな人が、まあ、まだ生きているから「生まれ変わって」とは言っちゃいけないけれども、彼《かれ》みたいな人が、今、新しく、若く、二十歳《はたち》ぐらいで出てくるとしたら、こういうものをつくるだろうね、きっと。

企業家は、「そういう仕事がある」ということを感じさせて、つくろうと努力させれば、つくっちゃうんだよ。今の、グーグルだのヤフーだの楽天だのは、時代後《おく》れになるんだよ、もうすぐ。みんな時代後れになって、また違ったものが出てくるのさ。

だから、もう一段、情報の付加価値を上げなきゃいけない。情報はあふれ、氾《はん》濫《らん》し、情報の速度も速くなっているけれども、情報の付加価値があまり上がっていないんだよ。量と速度は増しても、雑情報ばかりで、情報価値が下がっているんだよ、ある意味ではね。だから、悪い情報をいっぱいつかまされてるっていうことだな。

新聞を数紙取っても、同じ記事を読まされている。週刊誌にも、当然、悪い記事はいっぱい出ているね。本だって、雑本はいくらでも出ているしね。

したがって、一つには、個人のニーズに合わせて、本当に必要な情報をセレクトするようなシステムを開発することだ。

もう一つには、国民への啓蒙度《けいもうど》が高いというか、人々が知っておかねばならない、高度で良質な情報を提供できるところがあれば、新聞であってもテレビであっても生き延びる。

競争が起きて、潰れるところも出るけれども、生き延びるところは生き延びる。それは、公共のものとして出す情報の質が高いところだな。これは生き延びるね。

今後、そうした、もう一段の競争と淘汰《とうた》が始まるし、その前の段階として、いったん競争過多になるぐらい、テレビで言えば多チャンネル化が起きるだろう。しかし、多チャンネル化が起きるということは、ＣＭ代金が下がるということだ。今、すごく高いからねえ。こういうのが下がり始めます。

これは正当なことだと思うよ。

大して効果がないのに、ＣＭには、五千万円、一億円、二億円とかかるよね。高すぎると思う。実際、経済効果は大してあがってないから、代金と対応していないけれども、「枠《わく》が少ないから」という理由だけで代金が釣《つ》り上げられているところがある。これは、もう問題外だ。

多チャンネル化が起きれば、ＣＭの値段が下がっていくのは当たり前だよね。そのあと、当然、淘汰が起きてきて、やはり、高品質の情報を提供できるところは生き延びる。

だから、情報提供者も、高品質のものをつくっていく努力をしなければいけないということですね。

まあ、それが未来社会だな。うん。

4　巨額な資金調達へのアドバイス

余剰《よじょう》資金マーケットをつくる

C――　ありがとうございます。

先ほど、下村治《しもむらおさむ》先生からもアドバイスをいただいたのですが、政府が大きな投資をする際に、それが百兆円、二百兆円という単位になりますと、どうしても、財源論といいますか、「どういうかたちでファイナンス（財源確保）するのだ」と問題提起されることが多くなります。

増税をせずにお金を集める方法について、何かアイデアがあればお聞かせください。

高橋亀吉　まず、一般的な資金調達についてだけれども、今後は、株式による資金調達に代わるものを編み出さないといけない時代に来たね。

銀行による間接金融《きんゆう》や、あるいは株式の直接調達だけでは、うまくいっていないので、もう一つ、資金調達の方法を考えなければいけない時期に入ったかもしれないね。

この資金調達が、いったいどこからできるかというと、一つには、余剰《よじょう》資金のある企業が、その余剰資金を出し合って、マーケットをつくることは可能かなという気はするんですけどね。余剰資金マーケットをつくって、新興企業に資金を出させるようなかたちは、ありうると思う。

そうすると、銀行的な制約が非常に少なくなってくるし、財務省や金融庁等の監督《かんとく》も受けなくなる。そういった何かのルートをつくらなきゃいけないね。

今、金融も形態が変わってきました。年を取っている人は、財閥系《ざいばつけい》の銀行を銀行だと思っているけれども、若い人はコンビニ銀行みたいなものを銀行だと思っているところがある。そういうコンビニ銀行的なものと何かをミックスして、新しい形態をつくらなければいけないかもしれない。

まだ、決済機能、あるいは現金の受け渡《わた》し程度の機能しかないものが、もう一段、高度化してくる可能性はあると思いますね。そうした利便性の高いところが、金融機能としてトランスフォーム（形態変化）していく可能性はあるかなという感じはします。

「宗教が銀行をつくる」っていう案も出ていたそうだけれども、宗教も、大きくなれば、それは可能なんじゃないでしょうかね。潰れない保証があれば、普通《ふつう》の企業より安定性は高いし、それが、例えば、成長度のある海外への投資資金に回っていくなら、宗教が世界銀行の使命を果たせることにもなる。
大きなネットワークを持っていて、利便性が高く、そして信用度が高ければ、金融の新しいマーケットないし切り口ができてくる可能性が高いですね。
その意味で、今のような銀行形態が、そのまま高機能化しないで生き延びられるかどうかについては、一定の疑問があります。うん。

C——　現在の銀行がイノベーションをかけていくというよりも、ほかの業界から新しい銀行が出てくる可能性があるということですね。

高橋亀吉　今の銀行は、経営統合により集約されて大きくなったけれども、巨象《きょぞう》と化していて、非常に動きが鈍《にぶ》い。「信用の創造をして、資金を何倍にも生かす」という力が、とても弱いように思いますね。

これはもう、手法が古くなっていると思う。だから、新しい手法の開発が要《い》りますね。

C――　その場合、中央銀行の役割は、どのような方向になりますでしょうか。

高橋亀吉　まあ、中央銀行は、なくても別に困りはしないんだけど（笑）。統計することだけが仕事なのでしょうが、これは要らなかったかもしれないね。あるいは、競争原理から行くと、むしろ一つじゃないほうがいいかもしれないね。私は、中央銀行にもライバルがいたほうがいい気がするね。

幸福の科学の霊言《れいげん》とか本などでも、「メガバンク等も、紙幣《しへい》を発行したり、いろいろやってもいい」みたいなことが言われていたと思うけれども、やはり、ライバルがいないものは、みんな悪くなるんでね。少し競争の原理が働かないと駄目かもしれません。そのへんは非常に心配なところがありますね。うん。それから、銀行という形態が、今後もこれでいいかどうかについては、もう一つ問題ですね。

過去、いろんな時代があって、物々交換《ぶつぶつこうかん》の時代もあり、貨幣経済になっても、最初は貝殻《かいがら》を使ったり、石の貨幣《かへい》を使ったりしていました。やがて紙幣ができ、金との兌換《だかん》ができるかできないかというのもあり、ペーパーマネー中心になり、次に電子マネーが出てきて、さらに何ができるかなというところです。

月や火星の使用権や開発権を担保にする

例えば、月なんか、所有者は誰《だれ》もいないじゃないですか。月の大きさは地球の何分の一なのか、私は正確には知りませんがね。新しい経済を起こすとしたら、例えば、「月一個いくら」と定価を付けるんですよ。要するに、月の表面の使用権に定価を付けるわけです。

君だったら、いくらの定価を付ける？

C――　いや、ちょっと想像もつきませんけれども。

高橋亀吉　月の大きさは、地球の何分の一ぐらいなのかねえ。四分の一ぐらいだったかなあ。そんなになかったかな。太平洋がえぐれたぐらいの体積だったかな。だから、まあ、「粘土《ねんど》でできた太平洋をすくって丸めたぐらいの体積」と見て、水深一万メートルぐらいまである太平洋をえぐって、それを固めて丸くしたものを、平べったく伸ばしたらどうなるかっていうと、けっこう、ユーラシア大陸ぐらいになるんじゃないかなあ。ねえ。

ユーラシア大陸に値段を付けたら、君、いくらで買うね？

C——それは（笑）、それなりの高額になりますね。

高橋亀吉　これ、いくらぐらいの経済価値があるんだよ？

C——数百兆円なのか、もっとなのか……。

高橋亀吉　数百兆円？　そんなに安いのか？

C——そんなに安くないですか（笑）。

高橋亀吉　まあ、仮に一千兆円という値段が付くとしたらだな、これは新しい財源だよ。「月の表面の使用料、一千兆円」という経営資源が生まれてくるわけですよ。

月の使用権を担保にして、世界銀行で一千兆円を発行する。そして、例えば世界の開発のために資金を供給するわけです。世界銀行じゃ駄目かな。地球銀行か、あるいは宇宙銀行かもしれないけれども。

次は火星だな。火星の使用権や開発権等を担保にして経済を起こし、それでまた、一千兆円とかのマーケットを開くわけです。そして、開発費をそこで生み出して、宇宙産業を盛《さか》んにする。

ちゃんと、火星の使用権や開発権があるわけですから、当然、経済価値はありますよ。いかなる鉱石が出てくるか、分かりませんから。それで、火星行きの探《たん》索《さく》機《き》をつくったりする開発事業の資金をつくるわけですね。

担保主義で行くんだったら、次はもう、宇宙の星を担保に使って設定する。宇宙人が文句を言わんかぎり、勝手に地球で値段を付ける。宇宙人が怒《おこ》ったら文句を言いに来るだろうから、それについては保証の限りではないけれども、星を担保にしたら、数千兆円ぐらいは簡単に出てくると思うので、これを地球の新産業開発の資金に使えばいいよ。うん。

これは、いい案だと思うなあ。もしかしたら宝の山かもしれない。カスかもしれんけど。それは分からないけどな。

まあ、資金はまだ出るっていうことです。

「月に百階建てまでの建物を建てる権利」なら、いくらで買う？　もう値段の付きようがないから、付け放題だよ。うん。

C――　考え方一つで、いくらでも資金調達ができるということですね。

高橋亀吉　海でもいいんだよ。海中開発権でも、ありうるわけですよ。どこにも属していない公海の開発権みたいなものを金に換《か》える手はあるんですよ。地球銀行が、公海の開発権を担保にして、資金をバーッと発行しちゃうわけですよ。そうしたら、いろんな開発事業が可能になりますよね。

お金は、まあ、眠《ねむ》ってはいる。資金は、まだつくれることはつくれると思うな、私は。

天上界では、財閥《ざいばつ》をつくった人たちと似たあたりにいる

C——　非常にユニークかつ多彩《たさい》で大きなアイデアを、本当にありがとうございます。

最後に、高橋先生は、今、天上界で、どのようなお立場で、どのようなお仕事をされているのか（会場笑）、ぜひお伺いできればと存じます。

高橋亀吉　こればっかりだよ（会場笑）。この最後のオチが嫌《いや》なところで（会場笑）、みんな、「〝身元調査〟をされるのが嫌だ」って言うんだよなあ。本当にもう。

まあ、私の場合、だいたい財閥《ざいばつ》をつくった人たちぐらいのレベルかな。三井、三菱《みつびし》、住友とか、そのようなところをつくった人たちと似たあたりにいるかな。だから、あんたがたの言葉、坊《ぼう》さん言葉で言やあ、菩薩《ぼさつ》ぐらいに当たるのかもしらんけどね。まあ、そのあたりかな。うん。

C――　本日は、貴重なご意見を本当にありがとうございました。

高橋亀吉　はい、はい。

司会　ありがとうございました。

第4章

人材活用という大戦略

二〇一〇年六月八日　佐藤栄作の霊示

佐藤栄作（一九〇一～一九七五）

山口県出身の政治家で、第61・62・63代内閣《ないかく》総理大臣（在任一九六四～七二）。東京大学法学部卒業後、鉄道省に入省。吉田茂《しげる》の知遇《ちぐう》を受け、運輸事務次官を務めたあと、政界入り。七年八カ月にわたる長期政権を樹立し、小笠原《おがさわら》諸島・沖縄《おきなわ》返還《へんかん》の実現、日米安全保障《ほしょう》条約自動延長、日米繊維《せんい》摩擦《まさつ》の解決などを行った。また、「非核《ひかく》三原則」を提唱し、ノーベル平和賞を受賞。岸信介《のぶすけ》元首相《しゅしょう》の実弟である。

［質問者はDと表記］

1　長期政権の秘密

私は天国に入っている

大川隆法　では、佐藤栄作元首相を招霊《しょうれい》します。

（約十秒間の沈黙《ちんもく》）

佐藤栄作元首相、佐藤栄作元首相、佐藤栄作元首相、願わくは、幸福の科学に降《お》りたまいて、われらを指導したまえ。

佐藤栄作元首相、佐藤栄作元首相、願わくは、幸福の科学に降りたまいて、われらを指導したまえ。

（約十五秒間の沈黙）

佐藤栄作　佐藤です。

司会　佐藤先生、本日はありがとうございます。

佐藤栄作　うん。兄がお世話になりました（『日米安保クライシス』〔大川隆法著、幸福の科学出版刊〕第2章「岸信介の霊言」参照）。

司会　とんでもないことでございます。

　本日は、みなさんをお呼びいたしまして、日本の高度成長について伺《うかが》っています。

佐藤栄作　うん、分かっています。趣旨《しゅし》は分かっています。はい。

司会　それでは、質問させていただきます。

佐藤栄作　うん。

Ｄ――　幸福の科学にお越《こ》しくださいまして、ありがとうございます。私は、幸福の科学出版の○○と申します。

佐藤栄作　地獄《じごく》に堕《お》ちてないからね（会場笑）。最初に言っておくけど、わしゃあ、堕ちてないから。はい。兄弟で、天国に入っているからね。

頭の悪さを忍耐力《にんたいりょく》に変えて粘《ねば》り抜《ぬ》く

D――　ありがとうございます。私のほうから幾《いく》つかお伺いいたします。佐藤先生は、高度経済成長のなかで、七年八カ月もの間、首相を続けられ、その間に日本のGDPが三倍以上に膨《ふく》らみました。

佐藤栄作　ああ、君、よう勉強しているなあ。

D――　非常に素晴《すば》らしい功績《こうせき》をあげられ、また、ノーベル平和賞も受賞されています。

佐藤栄作　まあ、受賞は、ちょっとインチキだけどなあ。うん。

D――　米ソ冷戦の当時、佐藤先生は、日米間の同盟《どうめい》をしっかりと維持《いじ》した上で沖縄返還《おきなわへんかん》を実現され、そして、日本の経済成長を成し遂《と》げられました。その後、米ソの冷戦は終わりましたが、今、中国の脅威《きょうい》が高まっております。こうしたなかでの国の舵取《かじと》りにつきまして、お伺いできればと思います。

佐藤栄作　まあ、君ね、基本的に、「頭が悪い」っていうのがいちばんなんだよ（会場笑）。頭のいい人は短いよ。すぐ終わっちゃう。うん。花火みたいに弾《はじ》けて終わりだ。やっぱり、基本的には、頭の悪さが長期政権を生むんだよ。

私は、三兄弟のなかで、いちばん頭が悪かった人間だからね。いちばん上が、いちばん頭がよかったんだよな。海軍兵学校に行ったのが、いちばん頭がよくて、二番目に頭がよかったのは、岸信介《のぶすけ》兄貴だな。わしがいちばん頭が悪くて、劣等《れっとう》感《かん》にずいぶん悩《なや》んだよ。

五高から、よたよたで東大に入って、よたよたの成績で卒業して、よたよたの官僚《かんりょう》をやって、兄の七光《ななひかり》もあって、何とか運輸次官にまでなったんだよ。だけどね、勉強ができなくたって、そんなに悩むことはないんだよ。兄の総理在任は三年四カ月ぐらいだ。わしは、七年以上やったからな。

頭の悪い分、薄《うす》めて長くやりゃあ、できないことはないんだよ（会場笑）。「活発にやらん」ということだよ。「粘《ねば》る」っていうことが大事だ。頭の悪さを忍耐《にんたい》力《りょく》に変えて、「忍耐」と「寛容《かんよう》」の精神でもって粘り抜《ぬ》くことが大事なんだな。

そうすりゃあ、いろいろ道が開けることもあるのさ。

鳩山《はとやま》なんか、見てたら、君、忍耐力が足りないよな。うん。「宇宙人」と言われるなら、もっと頑張《がんば》らないといけないよな。菅《かん》も、「イラ菅」と言われているんだろ？　きっと、これも短いよ。短気な人は、基本的には駄目《だめ》だな。長く務まらない。

「自分は頭がいい」と思っている人は、だいたい短いからな。頭が悪いほうがいいんだ。頭が悪くて、遠回りしたり粘ったりしたような人が、長持ちするんだ。

まあ、〝異次元発想〟でうまくいくこともあるんだよ。

わしなんかも、いわゆる運輸省でやっていたけど、第二次大戦のときなんかは、空爆《くうばく》を避《さ》けるために地下鉄を利用する方法をちゃんと考えていたんだからね。「空襲《くうしゅう》のときに、国民を避難《ひなん》させるのに地下鉄を使う」という方法を取り入れたので、それで逃《に》げられた人はかなり多かったんだよ。うん。

まあ、そんなことを思いついたりするのが、秀才《しゅうさい》であっても、ちょっと落ちこぼれたあたりの連中なんだよな。あんまり、秀才すぎるのはいかんのだよ。

頭のよすぎる人は、人が使えない

君なんか、ちょっと秀才すぎるんじゃないか？　もうちょっと抜けたところがないと、君ね、出版社は大会社にならないよ。気をつけなさいよ。あんまり、秀才すぎるのは駄目だよ。トップは、少し抜けたところがあって茫洋《ぼうよう》としていないと、組織は大きくならんからな。

人間には、適当な取りこぼしが要《い》るんだ。「大きなところだけ、きちっと押《お》さえて、あとはちょっと目こぼししてやる」ぐらいで接すると、だいたい、人間は温情を感じてご奉仕《ほうし》してくれるんだよ。

人間っていうのは、やっぱり欠点だらけだから、あんまり細かいことをつつくと駄目なんだ。

本当は、これが長期政権の秘密さ。「人事の佐藤」と言われてな、人の使い方がうまかった。やはり、苦労しなきゃ、人の心は分からないんだよ。まあ、いろいろと苦労することは大事なんだよ。うん。

ある意味で、頭のよすぎる人は、人が使えないんだ。切れすぎて、人の欠点をあげつらうし、自慢話《じまんばなし》するだろ？　頭のいいやつは、必ず自慢して、人の欠点を一生懸命《いっしょうけんめい》つつく。すぐ分かっちゃうからね。欠点が分かることが頭のよさの証明みたいに思って、ペンペンと言いたくなるんだ。で、人がついてこなくなるんだよなあ。

そうじゃなくて、自分のほうが頭が悪いと、人のことが少しよく見えるところがある。

まったくばかだと指導者として通用しないので、ある程度は頭がよくていいんだけど、よすぎないぐらいがいいんだよなあ。

俺《おれ》みたいに、「一高には行けなかったけど、五高から這《は》い上がってきた。東大では、兄とは大違《おおちが》いで下のほうを低空飛行して、ヒイヒイ言いながら二流官庁に入った。何だかんだしているうちに、いつの間にか偉《えら》くなった」、こんなのが「粘り腰《ごし》」だな。

沖縄の問題は、大変な問題だったけれども、いちおう日本に返還させることはできたので、これは大きかったかなと思っている。

まあ、密約が、今、ちょっと問題になっているんだけれども、当時、それがばれてたらノーベル平和賞はなかったので（会場笑）、これは内緒《ないしょ》だよ。どうせ活字にするんだろうけど、いちおう、ここだけの話だよ。もらったもんは返さんで（会場笑）、あの世まで持っていったからな。

まあ、君ね、人生にはいろいろあるよ。君みたいな秀才はいかんで。もうちょっと鈍才《どんさい》にならないといかん。
君が卒業した早稲田《わせだ》なんていうのは、浪人《ろうにん》か留年でもしなきゃ、一人前扱《あつか》いされない大学だよ。ストレートで早稲田に入って四年で卒業した人なんて、そんなもんは、だいたい使いようがないんだ。早稲田っていうのは、苦労人のほうが、あとで出世する大学なんだ。いいか？　だから、ちょっと、いかんで。

D――　ありがとうございます。

佐藤栄作　頭がよすぎる。その頭をちょっと悪《わる》うしなさい。

全然タイプの違《ちが》う人を組み合わせて成果を生む

D——「人事の佐藤」というお話がございましたが、佐藤先生は、生前に、田中角栄《かくえい》氏、福田赳夫《たけお》氏、三木武夫《たけお》氏、大平正芳《おおひらまさよし》氏、中曽根康弘《なかそねやすひろ》氏と……。

佐藤栄作　よう知ってんなあ。

D——のちに総理大臣になる方々をたくさん育て、引き立てられました。幹事長時代、あるいは通産大臣時代の功績であろうかと思いますが、そのへんの目の付けどころと人材育成についてお聞かせください。

佐藤栄作　うーん、まあ、役人派っていうかな、役所出身型の人材、秀才で事務のよくできるタイプの政治家と、叩《たた》き上げの党人派《とうじんは》とがあって、それぞれが長短を持っているんでね。これを両方、抱《だ》き合わせ、張り合わせながら、共同して成果を生むようなスタイルが大事だな。

福田赳夫と田中角栄は、片や、一高・東大のトップを張るような大秀才、片や、もう本当に土建屋のおやじから這《は》い上がってきた「今太閤《いまたいこう》」みたいな人で、全然タイプが違《ちが》う。こういうのを上手に使い分ける力があれば、自分一人ではできないことが、できるようになるんだな。

さっき、「秀才はいかん」と言ったけれども、秀才は、人を弾《はじ》く傾向《けいこう》があるんだな。「この人は使える。この人は使えない」と、パッパッと弾いちゃう気《け》があるんだけど、組み合わせによっては、異質なもの同士が結合して相乗効果を発揮することがあるんだよな。

だから、わしの長期政権のもとは、そういう、福田型の秀才を上手に使いこなして役所を押さえたことと、角栄型の「金集めの天才」兼《けん》「選挙の天才」を上手に使いこなしたことだ。そのあたりが、まあ、成功の秘訣《ひけつ》かな。

あと、兄の七光を上手に使ったところもあるかな。だから、全然、自力《じりき》ではないんだよ。

日本的なものは、みんな〝真空地帯〟なんだよ。日本では、昔《むかし》から、「中空《ちゅうくう》が空っぽ」というのが長持ちするようになっている。

天照大神《あまてらすおおみかみ》の時代から、そうなっているんだよ。偉い人は、中身が空っぽなのがいちばんなんだ。中身がある天皇は駄目なんだ。雅子妃《まさこひ》は、頭がよすぎたために、あんなに苦労している。頭が悪けりゃよかったんだよ。中身が空っぽだと長持ちするんだ。これが日本の特徴《とくちょう》なんだな。

大川隆法総裁にも、早くぼけるように、一生懸命、勧《すす》めているところだ。「もっともっと、ぼけないといかん。ぼけると信用が増してくるから」っていうことで。

もっとぼけて空っぽになると、弟子《でし》がみんな、自分らが優秀《ゆうしゅう》になったような気になってくる。「何だか、自分らも成長したのかな」と思うようになる。

だから、「あんまり賢《かしこ》くならないように」って、一生懸命、陰《かげ》ながら〝応援《おうえん》〟しているんだ。これ、応援かな？　応援じゃないかもしらんけど、お互《たが》い、気をつけようや。なあ。

2　求められる交渉力《こうしょうりょく》と人材

今後の外交には〝多情〟な人がいい

D――　日米繊維《せんい》交渉《こうしょう》のときのように、混迷《こんめい》する時代には外国との交渉力が非常に大切ではないかと思うのですが、特に日本は、軍事的な部分についてはアメリカに頼《たよ》っておきながら、交渉していかなくてはならないという難しさがあります。

こうした交渉力について、アドバイスをいただけますでしょうか。

佐藤栄作　うーん。繊維交渉は終わったからいいけれども、軍事のところが問題かな。軍事のところでヒントが欲《ほ》しいんかな、君の場合は。

そうだなあ、中国は老獪《ろうかい》だからなあ。軍事のところは、交渉のカードとして見た場合、極《きわ》めて難しいものがあるな。向こうが勝手に軍事拡張してくるときに、どのカードを切るかは、やっぱり難しいところがある。うーん。

アメリカが今のような状況《じょうきょう》だからね。確かに、次の舵取り役は、気をつけないと、すごい〝股裂《またざ》き〟に遭《あ》うねえ。場合によっては、アメリカと中国の両方から干される恐《おそ》れがあるわな。

これからの外交に向く人間は、やっぱり、もうちょっと粘着力《ねんちゃくりょく》と忍耐力のある人だ。そうでないと厳《きび》しいね。「イラ菅」は駄目だと思うよ。

包容力、忍耐力、粘着力、いずれも必要で、できたら〝多情〟な人がいいな。「アメリカも好きだけれども、中国も好き。韓国《かんこく》も好き」「ハリウッドのスターも好きだけれども、ヨン様も好きで、チャン・ツィイーも好き」みたいな、節操のないタイプの人が指導者にならないと駄目だな。マルチに「あっちも好き、こっちも好き」みたいな人がいいなあ。

人はポストに就《つ》けると意外に力を発揮する

D――　なるほど。今、幸福実現党も含《ふく》めて、政界のなかで、人事の炯眼《けいがん》にかなうような、「これは」という方はいらっしゃいますでしょうか。

佐藤栄作　幸福実現党のなかから選ぶのかい？

D――　いなければ、ほかの党でも結構でございますが。

佐藤栄作　ハハハ。いや、それは、君、厳しい選択《せんたく》だなあ。「人事の佐藤」にそれを言わせるか。うーん。厳しいなあ。

まあ、君ら、やっぱり、ちょっと内にこもっている面が強いんでな。心の広さっていうかな、「いろんな人材を集めよう」という気持ちと、「それを育てよう」という気持ちのところが、ちょっと足りなくて、仲間内で少し蹴《け》り合いをしているところがあると思うんだよな。

本当は、もう一段、大きな責任を与《あた》えて、大きな仕事をボンと大胆《だいたん》にやらせたら、できる人はいるんだろうけれども、いろんな気《き》兼《が》ねに気兼ねを重ねて、力が発揮できていないような感じがするんだよなあ。

君だって、あれだろ？　毎年、出版社の売り上げを上げないように、努力して抑《おさ》えとるんだろ？

D――　そんなことはございません（会場笑）。

佐藤栄作　能力を惜《お》しんで、出さないように頑張っているんだろ？　本当は、君、幸福の科学出版は、何百億でも何千億でも売り上げをつくれるんじゃないか。なあ。だけど、「本体（宗教法人）を抜いたら嫉妬《しっと》されるんじゃないか」と思って、じいっと抑えて我慢《がまん》しているんだろ？　ん？

D――　いえ、頑張っております。

佐藤栄作　ああ、そう？

だから、器《うつわ》相応の責任を負っていない人が、だいぶ、あちこちにいるんだなあ。

まあ、今の党首は、〝対ゴジラ兵器〟だった人で、〝ゴジラ〟のほうが今はいなくなったが、また出てくるかもしれないから、置いといていいかもしれない。

　そうだね、異質な人を上手に組み合わせていくようにしたら、その人たちが融《ゆう》合《ごう》すると、大きな力を生むことになる。だから、今は大したことがないように思えても、力を発揮してくる人はいるんだ。人は、ポストに就《つ》けるとね、意外に力が出てくることがあるんだなあ。

　まだ、何ていうか、組織全体にぶら下がり体質がある。それを緩《ゆる》めると、今度は、自由性を「勝手にやっていい」とだけ解釈《かいしゃく》する気《け》がある。「任されると、それだけの責任も生まれる。責任を背負って自由性を発揮しなければいかん」というところをもうちょっと理解すれば、人材は出てくると思う。

「信仰のところが引っかかっているかどうか」っていう問題はあるけれども、「信仰心を持っている人には人材はいない」っていうようなことを認めたら、君たちにとっては自殺行為《こうい》になるから、それは認めるわけにはいかないよなあ。

だけど、今、「国師《こくし》・大川隆法」とか言ってやっとるらしいじゃないか。いや、国師にしてしまったらいいんだよ。そうしたら、雲霞《うんか》のごとく人材が集まってくるよ。うん。これから、いくらでも人材は集まってくるんじゃない？

D――　ありがとうございます。

3　マスコミの問題点

マスコミは透明性《とうめいせい》が低い

D――マスコミについてお伺いしたいのですが、佐藤先生は、退任の記者会見の際に、新聞記者を記者会見場から退席させたことがありました。

佐藤栄作　嘘《うそ》を書くからねえ、彼《かれ》らは。

D――マスコミについて、コメントをお願いできればと思います。

佐藤栄作　テレビ番組は、生放送のときには嘘がないが、編集されると嘘が出てくるし、新聞記者も憶測《おくそく》で嘘を書くんでなあ。やつらは、ほとんどが地獄に行っているんじゃないか？　本当にもう。とにかく、政治家をやってみたら、マスコミのことをよく思う人は一人もいなくなるよ。

（質問者たちのほうを見て）あ、すまんな。後ろに、なんか嫌《いや》がっているのが一人いるが。いや、まあ、全部とは言わんけど、マスコミのやつらは、さんざん飲み食いしたあとで悪口を書いて、最後に砂をかけていくからなあ。本当に、いい食いものにされているよ、政治家は。

これをされると、そのあと、回復不能になるんだよな。やつらは、いっぱいボディーブローを打って打って打ちまくって相手をノックアウトしたあと、病院にも連れていってくれないからな。倒《たお》したら、それで終わりだから。血が流れておろうが歯が折れておろうが平気なので、ちょっと冷《つめ》てえところがある。テレビの生番組だけは、編集ができない分、本当のことが映る。ただ、それでもまだ、何ていうか、誘導《ゆうどう》してくる連中が創造権を持っとるのでなあ。

確かに、今の時期では、マスコミに通用するというのは本当に難しい。マスコミは、ある意味で凡人《ぼんじん》の集まりだろうし、変人の集まりでもあるし、ある意味では、国民の象徴《しょうちょう》なのかもしれない。民度が上がらないからマスコミのレベルが上がらないのと、マスコミのレベルが上がらないから民度が上がらないのと、両方の面がある。だから、相手をほめることも腐《くさ》すこともできる。

菅さんにしたって、彼を「庶民的《しょみんてき》だ」と持ち上げることもできれば、「国家経営の才能がない」と言うことだってできるので、そのへんでやっている。

そんなマスコミにも、売り上げ目標、経営目標、利益目標が、ちゃんとあるんだよ。しかし、「赤字がいくら出ています」なんてことは言いたがらないで、隠《かく》しているじゃないか。それについて、国民は考えていないからね。

「当社は、前期に四十億円の赤字を出しましたので、今期はセンセーショナルな政治家叩《たた》きをやって、儲《もう》けに入ります」っていうようなことは、絶対に公表してくれないから、「すごい攻撃《こうげき》だな」と感じるだけだ。実は、彼らが一生懸命、赤字を回収しに入っているとは、みんな知らないからね。

したがって、マスコミは透明性《とうめいせい》が低いと思うな。非常に守りが堅《かた》くて、経営状態とか、指揮命令、判断権とかがどうなっているのか、分からない。経営陣《じん》の部分は非常に不透明で、けっこう、ほかの同族企業とかを攻撃しながら、自分らは、一族で一手に経営権を握《にぎ》っているところがあって、不透明な面があるよな。

そういう不透明な経営をしているのに、公器であるがごとく振《ふ》る舞《ま》っている部分がかなりあるので、本当はマスコミ自体のことを報道しなきゃいけない面があるんだけど、なかなか、それをさせないようにはなっているわな。マスコミを批判する評論家でも、マスコミを通さなきゃ批判ができないことになっているんでね。

「権力者は悪」という発想がマスコミ民主主義の基本

うーん、私らから見りゃあ、中国や北朝鮮《きたちょうせん》の報道がうらやましく思えるときもあるよ。だって、国の首相がやることを、みんなほめるしかないんだろ？　何を言ったって、ほめてもらえるんだよ。これはもう、ある意味で、ありがてえ話なんだがなあ。

日本のマスコミは、そうはしてくれない。「悪口の自由が民主主義だ」と思っているところがあるからな。要するに、「権力者は悪」という発想が、そのなかにある。「利益は悪」という発想を共産主義者が持っているとかいう説もあるけれども、「権力者は悪だ」と思っているのがマスコミ民主主義の基本だな。

ただ、今、不沈戦艦《ふちんせんかん》を沈《しず》めるようなマスコミの空爆に耐《た》えられるほどの、強力な権力者っていうのは、投票箱《ばこ》からは、そう簡単に出てこないんだよなあ。投票箱で選べるっていうことは、交代がいくらでも可能だっていうことだからね。攻撃を受けたら、すぐに沈んでしまい、ほかの人が上がってくるので、すごく政権の期間も短くなっている。

でも、その割には、選んだときの責任問題が追及《ついきゅう》されていないと思うんだ。鳩山さんが八カ月ちょっとで終わったのに、「鳩山政権ができるときに応援したのは誰《だれ》だったのか。どこだったのか」という検証番組や検証記事特集とかは、まず、やらないわな。仲間内で、やりはしないので、こういうところがフェアでない。

悪口の民主主義が正義だと考えるなら、それでも構わないけれども、仲間内に対しても、ちゃんと検証するぐらいの姿勢は欲しいもんだな。うん。

だから、君らは、あれじゃないか、ちょっと毛色が変わっているんじゃないか？

D――ありがとうございます。私どもも、マスコミの一部として……。

佐藤栄作　ミニコミだな？

D――申し訳《わけ》ございません。

佐藤栄作　ミニコミかもしらん。まあ。

D――正論をしっかりと伝えさせていただきたいと思っております。

佐藤栄作　ああ。

直前の過去世《かこぜ》は徳川将軍の一人

D――　最後に、恒例《こうれい》でございますので、天上界でのお仕事と過去世《かこぜ》について、よろしければお聞かせください。読者のみなさまも喜ぶと思います。

佐藤栄作　（舌打ち）まいったなあ。ここは嫌《いや》だなあ。なんか、〝身元調査〟をされて、興信所みたいだなあ。うーん。佐藤栄作の過去が知りたい？　過去を暴《あば》かれたら、あんただって嫌だろう。人間は、過去を暴かれるのは嫌なもんなんだよ。

D——可能な範囲《はんい》で結構でございます。岸先生も、少しだけおっしゃっていましたので。

佐藤栄作（舌打ち）ちょこっとだけで構わない？　うーん。

まあ、直前の過去世は、徳川幕府の十五代までである将軍のなかの一人ではありました。ええ。ただ、のろま将軍で、父親からさんざん叱《しか》られた将軍です。はい。合戦《かっせん》で、遅《おく》れてやってきて怒《おこ》られた、ばか将軍。真田《さなだ》の小勢《こぜい》に振り回され、到着《とうちゃく》が遅れ、東軍を不利に陥《おとしい》れた人、いただろうが。

D——二代の秀忠《ひでただ》将軍でしょうか。

佐藤栄作　ええ？　まあ、名前は誰でもいいじゃないか（会場笑）。名前は誰でもいいけどなあ、跡継《あとつ》ぎにあるまじき無能さを発揮してだな、真田の小勢を一蹴《いっしゅう》して行かなきゃいけないところでつかまってしまって、肝心《かんじん》な大合戦に参戦できなかった、ばか将軍がいたけれども、まあ、それが、俺の直前の過去世さ。

それより前になると、そうだねえ、ずっと前になると、神代《かみよ》の時代から大和朝《やまとちょう》廷《てい》ができるころぐらいに生まれたことはあるがなあ。まあ、そこそこの立場にはあったけどな。大して偉《えら》かあないよ。ちょっと悪いことをしたので、それはあんまり言いたくない。少し悪さをしたことがある。

ヒントは、「女帝《じょてい》との絡《から》みで、裏から操作しようとした」。言っとくけど、道鏡《どうきょう》じゃないよ。女帝との絡みで裏から権力を行使して、ちょっと味噌《みそ》をつけたことがある者がいます。日本史探究、まあ、頑張ってください（会場笑）。

D――　ありがとうございました。

佐藤栄作　はい。

司会　本日は、どうもありがとうございました。

大川隆法　（佐藤栄作に）はい。ありがとうございました。

あとがき

菅新政権の最大の破滅《はめつ》ポイントは、「増税しても使い方によっては経済成長する。」というキャッチフレーズが、「ウソかホントか」である。

私は直観的《ちょっかんてき》にこの政権は「泥舟《どろぶね》政権」だと思う。鳩山前首相も、経済・外交・軍事とも全く判らない人のようであったが、政治家生活三十年で、この四月頃から（次の首相を意識してからか）経済の勉強を始めたという菅首相は、「脱官僚」を唱えながら財務官僚の手のひらの上で踊っているだけだろう。気の毒とは思うが、左翼の市民運動政治家には国家運営ができないことを、国民に自覚してもらえるのが、最大の功績《こうせき》となるだろう。

二〇一〇年　六月十五日

国師《こくし》　大川隆法《おおかわりゅうほう》

『新・高度成長戦略』大川隆法著作関連書籍

『創造の法』（幸福の科学出版刊）

『日米安保クライシス』（同右）

新《しん》・高度《こうど》成長《せいちょう》戦略《せんりゃく》

——公開霊言　池田勇人・下村治・高橋亀吉・佐藤栄作——

2010年6月30日　初版第1刷

著　者　　大《おお》川《かわ》隆《りゅう》法《ほう》

発行所　　幸福の科学出版株式会社

〒142-0041 東京都品川区戸越1丁目6番7号
TEL(03)6384-3777
http://www.irhpress.co.jp/

印刷・製本　株式会社 堀内印刷所

落丁・乱丁本はおとりかえいたします

ISBN978-4-86395-057-3 C0030

大川隆法 最新刊・霊言シリーズ

アダム・スミス霊言による「新・国富論」

同時収録
鄧小平の霊言 改革開放の真実

国家の経済的発展を導いた、英国の経済学者と中国の政治家。霊界における両者の境遇の明暗が、真の豊かさとは何かを克明に示す。

第1章 自由主義経済の真髄を語る <アダム・スミス>
「神の見えざる手」の真意とは／マルクス経済学の間違いについて／中国経済のバブル崩壊の可能性 ほか

第2章 「改革開放」の真実 <鄧小平>
鄧小平の死後の行き先／「改革開放」の真の狙いとは
民主化運動や人権問題を、どう考えるか ほか

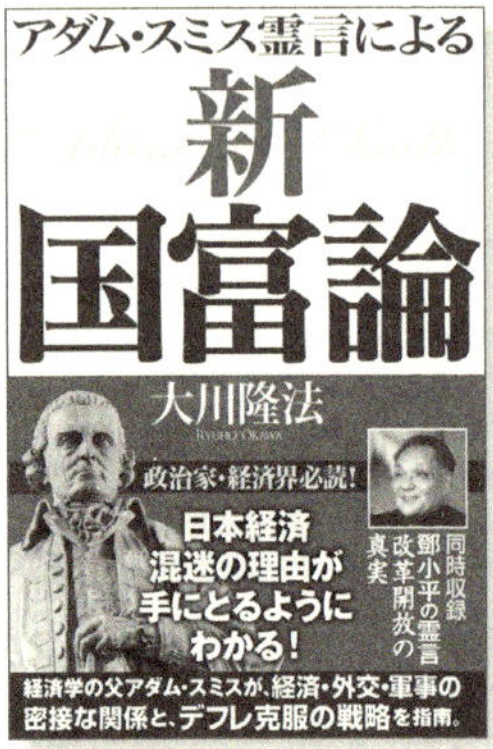

1,300円

国家社会主義とは何か

公開霊言
ヒトラー・菅直人守護霊・胡錦濤守護霊・仙谷由人守護霊

民主党政権は、日米同盟を破棄し、日中同盟を目指す!?　菅直人首相と仙谷由人官房長官がひた隠す本音とは。

第1章 ヒトラーが語る「悪魔の国家観」
"地下"に第三帝国の要塞をつくっている ほか

第2章 菅直人氏の思想調査を試みる
外交戦略についての本音とは ほか

第3章 「大中華帝国」実現の野望 <胡錦濤守護霊>
今後の中国の国家戦略について ほか

第4章 仙谷由人氏の「本心」に迫る
消費税などの税制を、今後、どうするのか ほか

1,500円

※表示価格は本体価格(税別)です。

大川隆法ベストセラーズ・霊言シリーズ

維新の心

公開霊言
木戸孝允・山県有朋・伊藤博文

明治政府の屋台骨となった長州の英傑による霊言。「幸福維新」を起こすための具体的な提言が、天上界から降ろされる。

1,300円

未来創造の経済学

公開霊言
ハイエク・ケインズ・シュンペーター

現代経済学の巨人である三名の霊人が、それぞれの視点で未来経済のあり方を語る。日本、そして世界に繁栄を生み出す、智慧の宝庫。

1,300円

ドラッカー霊言による「国家と経営」

日本再浮上への提言

「経営学の父」ドラッカーが、日本と世界の危機に対し、処方箋を示す。企業の使命から国家のマネジメントまで、縦横無尽に答える。

1,400円

大川隆法ベストセラーズ・霊言シリーズ

景気回復法

公開霊言
高橋是清・田中角栄・土光敏夫

明治から昭和期、日本を発展のレールに乗せた政財界の大物を、天上界より招く。日本経済を改革するアイデアに満ちた、国家救済の一書。

1,200円

富国創造論

公開霊言
二宮尊徳・渋沢栄一・上杉鷹山

資本主義の精神を発揮し、近代日本を繁栄に導いた経済的偉人が集う。日本経済を立て直し、豊かさをもたらす叡智の数々。

1,500円

マルクス・毛沢東のスピリチュアル・メッセージ

衝撃の真実

共産主義の創唱者マルクスと中国の指導者・毛沢東。思想界の巨人としても世界に影響を与えた、彼らの死後の真価を問う。

1,500円

※表示価格は本体価格(税別)です。

大川隆法ベストセラーズ・霊言シリーズ

マッカーサー
戦後65年目の証言

マッカーサー・吉田茂・
山本五十六・鳩山一郎の霊言

GHQ最高司令官・マッカーサーの霊によって、占領政策の真なる目的が明かされる。日本の大物政治家、連合艦隊司令長官の霊言も収録。

1,200円

日米安保クライシス

丸山眞男 vs. 岸信介

「60年安保」を闘った、政治学者・丸山眞男と元首相・岸信介による霊言対決。二人の死後の行方に審判がくだる。

1,200円

民主党亡国論

金丸信・大久保利通・
チャーチルの霊言

三人の大物政治家の霊が、現・与党を厳しく批判する。危機意識の不足する、マスコミや国民に目覚めを与える一書。

1,200円

大川隆法ベストセラーズ・霊言シリーズ

一喝！
吉田松陰の霊言

21世紀の志士たちへ

明治維新の原動力となった情熱、気迫、激誠の姿がここに！　指導者の心構えを説くとともに、日本を沈めつつある現政権を一喝する。

1,200円

龍馬降臨

幸福実現党・応援団長 龍馬が語る
「日本再生ビジョン」

坂本龍馬の180分ロングインタビュー（霊言）を公開で緊急収録！　国難を救い、日本を再生させるための戦略を熱く語る。

1,300円

松下幸之助
日本を叱る

天上界からの緊急メッセージ

天上界の松下幸之助が語る「日本再生の秘策」。国難によって沈みゆく現代日本を、政治、経済、経営面から救う待望の書。

1,300円

幸福の科学

あなたに幸福を、地球にユートピアを——
宗教法人「幸福の科学」は、
この世とあの世を貫く幸福を目指しています。

幸福の科学は、仏法真理《ぶっぽうしんり》に基づいて、まず自分自身が幸福になり、その幸福を、家庭に、地域に、国家に、そして世界に広げていくために創られた宗教です。

「愛とは与えるものである」「苦難・困難は魂を磨く砥石《といし》である」といった真理を知るだけでも、悩みや苦しみを解決する糸口がつかめ、幸福への一歩を踏み出すことができるでしょう。

この仏法真理を説かれている方が、大川隆法総裁です。かつてインドに釈尊《しゃくそん》として、ギリシャにヘルメスとして生まれ、人類を導かれてきた存在、主エル・カンターレが、現代の日本に下生《げしょう》され、救世の法を説かれているのです。

主を信じる人は、どなたでも幸福の科学に入会することができます。あなたも幸福の科学に集い、本当の幸福を見つけてみませんか。

幸福の科学の活動

●全国および海外各地の精舎《しょうじゃ》、支部・拠点などで、大川隆法総裁の御法話拝聴会、祈願や研修などを開催しています。

●精舎は、日常の喧騒《けんそう》を離れた「聖なる空間」です。心を深く見つめることで、疲れた心身をリフレッシュすることができます。

●支部・拠点は「心の広場」です。さまざまな世代や職業の方が集まり、心の交流を行いながら、仏法真理を学んでいます。

幸福の科学入会のご案内

◆精舎、支部・拠点・布教所にて、入会式にのぞみます。入会された方には、経典《きょうてん》「入会版『正心法語《しょうしんほうご》』」が授与されます。

◆仏弟子としてさらに信仰を深めたい方は、三帰誓願式《さんきせいがんしき》を受けることができます。三帰誓願式とは、仏・法・僧の三宝《さんぽう》への帰依《きえ》を誓う儀式です。

◆お申し込み方法等は、最寄りの精舎、支部・拠点・布教所、または左記までお問い合わせください。

幸福の科学サービスセンター
TEL 03-5793-1727
受付時間 火～金：一〇時～二〇時
土・日：一〇時～一八時

大川隆法総裁の法話が掲載された、幸福の科学の小冊子（毎月1回発行）

月刊「幸福の科学」
幸福の科学の
教えと活動がわかる
総合情報誌

「ヘルメス・エンゼルズ」
親子で読んで
いっしょに成長する
心の教育誌

「ザ・伝道」
涙と感動の
幸福体験談

「ヤング・ブッダ」
学生・青年向け
ほんとうの自分
探究マガジン

幸福の科学の精舎、支部・拠点に用意しております。
詳細については下記の電話番号までお問い合わせください。

TEL 03-5793-1727

宗教法人 幸福の科学 ホームページ **http://www.kofuku-no-kagaku.or.jp/**